戏 剧 教 育 丛 书

The Drama of Schooling: The Schooling of Drama, 1st edition
By Robert J. Starratt/ 9780415750431
Copyright © 1990 by Robert J. Starratt
Authorized translation from the English language edition
published by Routledge, a member of the Taylor & Francis Group
All Rights Reserved.

本书原版由Taylor & Francis出版集团旗下Routledge出版公司出版，并经其授权翻译出版。
版权所有，侵权必究。

The Commercial Press Ltd is authorized to publish and distribute exclusively the Chinese (Simplified Characters) language edition. This edition is authorized for sale throughout Mainland of China. No part of the publication may be reproduced or distributed by any means, or stored in a database or retrieval system, without the prior written permission of the publisher.

本书中文简体翻译版授权由商务印书馆独家出版并仅限在中国大陆地区销售。
未经出版者书面许可，不得以任何方式复制或发行本书的任何部分。

Copies of this book sold without a Taylor & Francis sticker on the cover are unauthorized and illegal.
本书贴有Taylor & Francis公司防伪标签，无标签者不得销售。

商务印书馆（成都）有限责任公司出品

(美) 罗伯特·J.斯特兰特
Robert J. Starratt 著

胡晓岚 译

学校教育的
戏剧性

The Drama of Schooling:

The Schooling of Drama

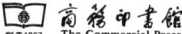
商务印书馆
The Commercial Press

总序

眨眼之间，人类历史上最不寻常、也许是最为困难的2020年已经翻页过去。在人们为之欢呼并对新的一年满怀新的愿景之际，由上海戏剧学院规划办主任吴爱丽老师策划和组织翻译的戏剧教育系列著作即将面世，这无疑是一件令人极其喜悦并十分期待的大好事！

众所周知，戏剧与教育历来有着不可分割的关系。在西方，戏剧之所以能够从酒神祭祀仪式中诞生，无疑与其时古希腊城邦的民主制度紧密相连。而城邦之所以乐于将原本粗鄙简陋的祭神活动扶持成为雅俗共赏的戏剧艺术，在某种程度上正是看中了其寓教于乐的功能。在城邦看来，诸如《被缚的普罗米修斯》《俄狄浦斯王》《美狄亚》这些经典名剧，实在都是用来教育公民、提升公民素质的鲜活生动的好教材。通过观看这些剧目，公民可以明白许多道理：从普罗米修斯身上学到敢于反抗专制和暴君的不屈精神；从俄狄浦斯身上学到不向命运低头、勇于承担责任的人无畏气概；从美狄亚的不幸和狠心中发现女性遭受的不公与屈辱及其不可遏制的报复心理所带来的巨大灾难……也正因为戏剧有着如此重要的教育功能，所以西方统治者们历来重视这门艺术，典型者如文艺复兴时期的伊丽莎白女王和17世纪的路易十四"太阳王"。他们不惜降尊充当戏剧家们的保护人，并亲临剧场观剧，或从精神上予以鼓励，或在物质上给予资助，从而造就了莎士比亚巨人和以莫里哀、拉辛为代表的古典主义戏剧的辉煌。而当资产阶级登上历史舞台之后，更是毫不掩饰他们利用戏剧来启迪民众的动机，狄德罗、博马舍、莱辛不仅在理论上为其倡导的新型戏剧摇旗呐喊，而且还在实践上亲自动手，为其投石问路。及至18世纪末19世纪初，从法国浪漫主义的文豪雨果到德国狂飙突进的旗手歌德和席勒，从英国的拜伦和雪莱到挪威的易卜生，乃至俄罗斯的普希金、托尔斯泰，几乎没有一位文学巨匠会错过借助戏剧来宣扬心中的社会理想和宣泄胸中的个人激情的机会……由此可见，戏剧与生俱来的教育功能历来备受社会重视，而人们将戏剧视为培养人格之工具在其成长过程中同样贯穿始终。

及至19世纪末20世纪初，随着社会的急速变化与发展，人们对戏剧的认识也在不断更新与深化，戏剧自身无论是艺术性还是教育性都有了质的转变与飞跃。以安托万为代表的新一代法国戏剧家们开始重视舞台上的艺术呈现，导演这一职业应运而生，而以俄苏戏剧家斯坦尼斯拉夫斯基为代表的现实主义体验派艺术更是从理论上到实践上臻于完善并风靡全球。这些戏剧革新与实验既进一步提升了戏剧的艺术性，又大大增强了戏剧的现实性、思想性与教育性。与此同时，一股"大众戏剧"之风也开始在欧洲大地刮起，戏剧介入现实、教育民众的功能在诸如街头剧、宣传鼓动剧中得到充分体现，甚至连中国这样一个话剧传统极其薄弱的国度，也在20世纪30年代出现了河北定县农民戏剧和抗日战争时期的街头剧、抗敌剧等，将戏剧的教育功能发挥得淋漓尽致。

对上述种种戏剧实践，笔者都将其中的教育功能归结为"外化"之表现。所谓"外化"，便是艺术家通过舞台呈现，将统治者、政治家、理论家和戏剧家等人的世界观、人生观和价值观传递给观众，其与传统教育的区别，恐怕仅仅在于从课堂转移到了剧场、从老师高堂教化变成演员生动表演、从枯燥乏味的板书改为丰富多彩的舞美手段而已。然而，到了第二次世界大战结束之后的20世纪50、60年代，戏剧观念与形式上更为重大的转变开始出现并进而影响到了戏剧教育。在布莱希特叙事戏剧、阿尔托残酷戏剧，尤其是格洛托夫斯基、谢克纳和尤金尼奥·巴尔巴等人的理论与实践影响下，人们不再简单地将戏剧当作艺术家单向输出、观众只是被动接受的过程，而是艺术家与观众共同创作的双向交流，观众在参与过程中得到提升与成长。其中最为激进的要数格洛托夫斯基，他自20世纪70年代后期逐渐将传统戏剧朝着"类戏剧"或"艺乘"方向引领，戏剧不再是观赏的艺术对象，而是参与者实现人格净化与升华乃至脱胎换骨的工具，从而衍变成为一种生活方式。由此，戏剧的教育功能于20世纪下半叶出现了由"外化"向"内化"以及"内外化结合"的转变。所谓"内化"，相对被动接受的"外化"而言，指的是观众进入"角色"直接体验并参与演出，从而在此过程中受到启迪、得道"参悟"。读者会注意到本人在此将"角色"打上了引号，这是因为参与者在这种"内化"过程中，虽然也可能是在扮演某个"角色"，但这个"角色"并不是演员根据剧本情节的安排去扮演的人物，而是根据事先设定的特定情境充当某种功能的"角色"，从而达到"在做中学"或"在表演中自我教育"的目的。

其实，戏剧的这种"内化"或"内外化结合"的教育功能早就被关注教育的人士（如18世纪的法国启蒙思想家卢梭等）和教育界本身（如美国教育家杜威等人）所发现并重视。20世纪上半叶，美国教育家瓦尔德更是身体力行，并从自己的教育实践中提出了"创作性戏剧教学法"，而英国教育界更是最早将戏剧纳入了艺术教育之中。第二次世界大战之后，戏剧的教育功能进一步被欧美教育界大力提倡与推动，并发展成为一门新的学科，即 DIE/TIE（Drama in Education/Theater in Education）。在这一新学科中，与其说强调戏剧给观众带来感官愉悦、精神享受以及思想教育等"外化"功能，不如说更强调它对个人成长和发展所具有的"内化"或"内外化结合"的教育功能。教育家们发现，戏剧可以在学生的学习生活和成长过程中发挥更大的作用，诸如培养学生的注意力、发挥学生的想象力、增加学生的表现力、让学生对人性有更深刻的了解、完善学生的人格等。而戏剧作为一门集体的、综合的艺术，它还能够让学生在做的过程中养成集体精神和合作意识等。如果我们站在家长的立场上来看问题，戏剧教育的这些益处可谓显而易见。如今的青少年，几乎无论性别，"熊孩子"比例都很高，"新冠"暴发后隔离不久，家长们都毫无例外地急切地呼唤学校尽早开学，好将"神兽归笼"。之所以如此，是因为青少年的注意力集中时间不长，很容易心有旁骛、手足无措。而戏剧训练的一项重要内容，便是让他们集中精神，提高专注能力，从而有效地学习和做事。正如《青少年戏剧直通车》一书的作者所写的那样："学校里的戏剧教育当然不仅仅是教孩子们如何在教室或舞台上站立或表演。对于那些从没有梦想出现在学校公众表演中的学生来说，戏剧教育也同样为他们其他科目的学习提供益处。通过富有想象力的活动，学生会遇到各种文化与社会，穿越于各个时代，体验外面世界的各种角色、职业和生活方式。他们还可以学习如何和他人合作，如何专注，如何建立起伙伴之间的信任关系。"由此可见，在当今的欧美各国，戏剧教育早已经突破了"艺术"疆界，被广泛地运用到其他科目学习之中，尤其是中小学生的人格培养和能力提升上。

DIE/TIE 的中文译名为"教育戏剧"，以区别于以培养艺术家为主要目的的"戏剧教育"（Theater/Drama Education），这样的字序颠倒有时难免让人丈二和尚摸不着头脑。其实，我们倒不必过分纠结于译名，只要知道它是将戏剧元素应用在各门学科的教学过程中就足够了，也就是说，除了扮演角色、搬演故事之外，还可以运用戏剧手段来教学生学习数学、化学、历史、文学等其他科目。2018 年夏，笔者曾有机会前往挪威卑尔根西北大学，与"中挪戏剧教育课题组"成员一起在当地几家中小学实地考察，目睹了教育戏剧的成果呈现。记得在一所中学的历史课上，学生们被分成若干小组，分别就各自的主题以角色扮演的方式进行演绎，课堂气氛极其活跃，完全不是我们在国内司空见惯的那种老师在台上口干舌燥地一言堂、再辅以板书或视频的沉闷形式。在这种课堂上，学生纵然聚精会神，也难免因为被动听得十分费力，至于消化吸收多少，则是天知地知。更有甚者，他们死记硬背，即使倒背如流却是一知半解，对历史与现实的关联往往一脸茫然。而从挪威学生认真投入的表演来看，效果判若云泥。他们通过活泼的角色扮演，将书本知识与当下实际生动地勾连起来，以自己的理解来诠释历史与现实。显然，利用戏剧来学习不仅不再乏味枯燥，而且事半功倍。

上海戏剧学院是一所有着七十五年历史的艺术专业学校，历来以培养艺术家为主要使命。然而，随着新时代的来到，国家对艺术教育的要求不断提高，它所肩负的任务也越来越重。早在2015年，教育部就正式将戏剧、戏曲、舞蹈等列入中小学美育教育之列，去年中共中央办公厅、国务院办公厅又印发了《关于全面加强和改进新时代学校美育工作的意见》，要求在中小学进一步增加和完善这些课程。这不仅对严重缺少戏剧师资人才的中小学校是一个巨大的挑战，即使对上戏这样的艺术院校也是如此。然而，上戏面临挑战时并没有后退，而是迎难而上。以吴爱丽老师为首的团队，出于全校的学科建设规划之本职，更出于上戏服务于国家战略之理念，长期致力于戏剧教育的研究项目。一方面，他们克服了工作繁忙、人手短缺等种种困难，努力办好《上戏·艺术教育研究》内刊。另一方面，他们积极物色国外的重要戏剧教育文献，攻克了诸如版权、翻译等重重难关，终于在极其困难的庚子年间完成了《学校教育的戏剧性》《戏剧教师实用手册》

《青少年戏剧直通车》《275个戏剧游戏：关联》四部著作的翻译出版工作。

就这四部论著本身而言，其选择本身非常具有创意，显示出团队独到的眼光和匠心。中国戏剧教育历史不短，戏剧类专著也可谓汗牛充栋，但绝大多数囿于戏剧艺术本体，基本上以培养艺术专门人才为旨归，涉及戏剧教育的十分罕见。这次在吴爱丽老师的组织下，上戏能够如此集中地推出一批相关著作，也是有史以来第一次，既是对新时代有关戏剧教育的国家战略的回应，更是对大中小学的巨大需求的回应，同时也标志着中国戏剧教育在追赶世界潮流中迈出了新的一步。值得一提的是，这些著作并非我们常见的那种耳提面命的长篇大论，更多是既有理论思考、又更具实操性的工具书。这在当下大力提倡素质教育却苦于缺少具体参照和路径的中国教育界，尤其是对广大中小学老师来说具有借鉴意义。

在这四部著作中，《学校教育的戏剧性》从学校教育的特点、不足说起，先是提出将教育与戏剧相结合的观点，并分章论述了戏剧对教育和培养学生的益处，尤其是对学生人格的塑造、在公民素质乃至领导能力的培养中所发挥的作用等，之后又通过具体的课堂片段来揭示如何运用戏剧手段来解决教学过程所遇到的各种问题，乃是一部既有理论观照又有实践指导意义的专著。《戏剧教师实用手册》则为从事高中戏剧教学的专职老师提供了一整套如何组织好戏剧演出的方法，从最初策划组织到选择演员，乃至具体的剧目、舞美化妆等在内的技术都有具体讲述，可以说是一本高中戏剧实用指南。《青少年戏剧直通车》的对象则以中小学为主，作者指出儿童自幼便有扮演角色的天性，但进入学校之后却为繁重的学业所抹杀，而重拾戏剧不仅可以开辟一条学习传统知识的蹊径，在帮助孩子创造性、趣味性地学习的同时，还能培养他们的同情心、完善他们的人格。与《学校教育的戏剧性》相比，此书更为全面地介绍了构成戏剧的各项元素及其在各门学科教学中的运用，甚至还将校园戏剧的组织也包含其中。《275个戏剧游戏：关联》提供的则是一个个目的和手段都十分明确的游戏，旨在快乐的游戏中开发学生的各种潜能。作者指出，这些游戏原本是用来训练演员的，通过具体的情境来激发演员的创造力和想象力，进而提升注意力，实践证明十分有效，经过作者的"游戏化"改造之后，用于学生的人格、素质和能力培养，能够获得意想不到的效果。总而言之，这四本著作从不同层面揭示了戏剧在培养和提升学生能力中的作用，既深入浅出又具有操作性，具有重要参考意义。如果我们能够认认真真地加以学习和实践，无论对于老师还是对于学生来说都会收获巨大。

相信本系列戏剧教育丛书的出版一定会对推动我国中小学教育，为培养新时代需要的人格健全、能力强大的建设人才发挥巨大的作用。我们期待着戏剧教育/教育戏剧在新时代的中国教育事业中做出越来越多的贡献！

宫宝荣
上海戏剧学院教授
于 2021 年元旦

题 献

致柯林·莫伊尔和布莱恩·卡德维尔。感谢他们的鼓励与友谊。

致　谢

本书在成书过程中，得到了很多人的帮助，因为名单过于冗长，此处无法将他们的名字一一列出。在所有给予我直接帮助的人中，我必须感谢约翰·托尔（John Tol）和维多利亚州中学校长协会，是他们邀请我到澳大利亚做关于领导力和戏剧意识的演讲。那些演讲的手稿几经修改，直至我最终坐定并写下这本书。我还要感谢澳大利亚的其他教育家：赫德利·贝尔（Hedley Baere）、查尔斯·伯福德（Charles Burford）、布莱恩·考德威尔（Brian Caldwell）、科林·莫伊尔（Colin Moyle）和彼得·伍德（Peter Wood），是他们说服我，让我说些什么。我还希望向福德汉姆大学的同事们表示感谢，特别是布鲁斯·库伯（Bruce Cooper）和汤姆·穆尔肯（Tom Mulkeen）。他们在本书写作期间给予了我大力支持。感谢我的兄弟布鲁斯，大部分有关戏剧、戏剧与生活的关系等知识都受教于他，也是他始终在我身边给予我鼓励。最后，要向我的夫人鲁丝致以深深的谢意，她包容了我写作期间的所有坏脾气。

目 录

第一章　全新视角看学校教育 / 1

　　当下教育观的不足之处 / 3

　　分错组织类别的学校改革 / 6

　　组织文化与学校教育的戏剧性 / 7

　　把教学当作表演 / 8

　　新与旧 / 8

　　争议 / 12

第二章　核心主题：戏剧 / 15

　　自我表现 / 16

　　作为人类建构产物的社会现实 / 18

　　社会化与脚本学习 / 19

　　戏剧的领域 / 22

　　虚假 V.S. 真实 / 26

第三章　学校教育的戏剧性／戏剧化的学校教育 / 29

　　社会行为的基本准则 / 34

　　正式的学校经历 / 35

　　学校教育与友谊 / 36

"工作"脚本中的学校教育 / 39

"公民"脚本中的学校教育 / 40

戏剧化的学校教育的问题 / 42

重新定义学校教育的戏剧性 / 45

第四章 作为组织化的戏剧的学校教育 / 47

更大的戏剧语境 / 48

自我闭合的学校戏剧 / 49

职业脚本 / 50

机构脚本 / 51

内部组织层面 / 54

学校和社区的戏剧 / 58

要点重述 / 60

第五章 学校教育的戏剧性：人的塑造 / 62

表演者的家庭社会化 / 64

个人的自我表达 / 68

表达角色的即兴创作 / 69

在特长和兴趣中表达自我 / 71

成为社会戏剧中的人 / 71

第六章 学校教育的戏剧性:国民的塑造 / 74

愤世嫉俗者的控诉:学校教育的乌托邦性质 / 77

是什么塑造了一个国民? / 78

塑造国民 / 83

作为一种政体的学校 / 85

被赋权的国民 / 87

第七章 作为戏剧意识的反思性实践 / 89

反思性实践 / 90

作为反思性实践的反应式教学 / 92

问题命名 / 93

教育理念 / 96

双循环学习 / 99

对三个反思性实践的例子进行整合 / 101

戏剧意识的反思 / 101

作为戏剧意识的反思性实践 / 105

第八章 领导力、愿景与戏剧意识 / 107

近来关于领导力的著述 / 108

愿景及其来源 / 109

愿景的表述 / 110

克服"领导-被领导"的分裂 / 112

愿景制度化 / 113

愿景与戏剧意识 / 114

第九章 演员，指导者，导演，批评者 / 118

演员 / 120

学习如何处理有问题的脚本 / 122

教师作为演员 / 123

管理者作为演员 / 124

参与生活的戏剧 / 126

第十章 基于课堂观察的类比 / 127

课堂片段（一）/ 128

评论 / 129

课堂片段（二）/ 129

评论 / 130

课堂片段（三）/ 131

评论 / 132

课堂片段（四）/ 133

评论 / 135

课堂片段（五）/ 136

评论 / 137

　　课堂片段（六）/ 139

　　评论 / 141

　　对调查结果的探讨 / 142

第十一章　作为戏剧的学校教育：结论性反思 / 144

　　启示 / 148

索　引 / 153

第一章　全新视角看学校教育

一些有趣的事情正在发生着。范式转移（paradigm shift）[1]往往要历经一个世纪甚至更久的时间才能逐步完成，并将其对手挤出历史舞台。现在看来，在人类活动的众多领域，诸如自然科学、政治学、管理学、组织行为学等，重大转移的速度如此之快，以至于在某一单

---

[1] 范式转移，又称范式转换或典范转移。"范式"是美国著名科学哲学家托马斯·库恩（Thomas S. Kuhn）最早在其《科学革命的结构》（*The Structure of Scientific Revolutions*）一书中提出，指"特定的科学共同体从事某一类科学活动所必须遵循的公认的'模式'"。"范式转移"用来描述在科学范畴里，一种在基本理论上对根本假设的改变。当一个稳定的范式不能提供解决问题的适当方式时，它就会变弱，从而出现范式转移。范式转移理论揭示了事物发展的历史状态和内在发展规律。——译注

个领域——比如教育领域中——的范式转移的速度已经与政治学、组织行为学等领域中新范式的加速不相匹配。举例来说，过去这些年来，我们知道用以解释或指导组织行为的传统管理理论的缺乏，与此同时，我们也发现学校改革的政策中包含了一些传统管理理论。

学校的指导方针是：主张效率和效益、责任制、严格界定能力的细致评价、成本效益、明确阐述的目标、绩效标准、成果量化，等等。与此同时，管理学学者们对这种管理学的绝对化说法和实际作用加以驳斥。我们听到的批判声音远不止于有限理性[1]、组织的任意性和非自然秩序[2]、组织混沌理论[3]、松散耦合系统[4]、蛇形管理[5]、管理动荡[6]。

管理理论的这些变化反映出整个社会科学的变迁，不再是由逻辑实证主义和经验主义[7]主导的排他性认识论。许多社会学家现在承认

---

[1] March, J. (1984) "How we talk and how we act: Administrative theory and administrative life", in Sergiovanni, T. and Corbally, J. (Eds) *Leadership and Organizational Culture*, Chicago, University of Illinois Press, pp. 18—35.

[2] Greenfield, T. (1984) "Leaders and schools: Willfulness and nonnatural order in organizations", in Sergiovanni, T. and Corbally, J. (Eds) *Leadership and Organizational Culture*, Chicago, University of Illinois Press, pp. 142—169.

[3] 见 Gleick, J. (1987) *Chaos: Making a New Science*, New York, Viking Penguin; Peters, T. (1987) *Thriving on Chaos: Handbook for a Managerial Revolution*, New York, Knopf; Vaill, P. (1989) *Managing As a Performing Art: New Ideas for a World of Chaotic Change*, San Francisco, Jossey Bass。

[4] Weick, K. (1976) "Educational organizations as loosely-coupled systems", *Administrative Science Quarterly*, 21 pp. 1—19.

[5] Vaill, P. (1989) *op. cit.*, pp. 191—210.

[6] Morgan, G. (1989) *Riding the Waves of Change: Developing Managerial Competencies for a Turbulent World*, San Francisco, Jossey Bass.

[7] 见 Giddens, A. (1976) *New Rules for Sociological Method*, New York, Basic Books; Jennings, B. (1983) "Interpretive social science and policy analysis", in Callahan, D. and Jennings, B. (Eds) *Ethics, The Social Sciences, and Policy Analysis*, New York, Plenum Press, pp. 3—35。

了自然科学家在十年前就已提出的观点，即观察是理论的前提，科学语言本质上具有隐喻性，科学发现既需要想象，也要有严谨的逻辑。[1]但是，严格的实证主义和经验主义的研究程序和所运用的语言系统在资金结构、立法和行政指导方针、专业奖励制度方面以及在专业研究生院的课程中仍然是牢固的制度化存在，即便作为其理论支撑的认识论已不再充分。[2]

用于研究和管理学校的语言和观点多数属于行为主义、实证主义和经验主义认识论。这些观点与社会科学和政策学中的新兴观点是脱节的，因而深受这些认识论的局限、歪曲和意识形态偏见之害。这些观点亟须被替代，或者至少用新范式中尊重人类学的观点来加以平衡。本书正是对发展这样一种观点的尝试——此观点将以戏剧作为类比。但在本书展开论述前，特别是从学校本身出发进行探讨的时候，会先对当下关于学校教育的语言和观点的不足之处依次进行点评。

当下教育观的不足之处

组织和管理理论的概念框架和图像通常是在对商业机构或政府机构的研究中发展建立起来的。[3]相关著述对政府机构和企业的差异做了清晰的描述，前者更专注于提供服务、执行政府决策，而后者则更关注生产效率、利润和市场份额。这两种类型的组织都要遵循一定的机构形式，比如权威和特权的等级制度、工作的专业化与细分、产

---

[1] 见 Hesse, M. (1980) *Revolution and Reconstruction in the Philosophy of Science*, Bloomington, Indiana, Indiana University Press。

[2] Jennings, B. *op.cit.*, p. 7.

[3] 有关组织化方面文献的综述，见 Morgan, G. (1986) *Images of Organization*, Beverly Hills, CA, Sage Publications。

出的衡量等。教会和慈善机构等志愿组织，虽然在诸多方面与商业和政府机构有所不同，却也常常表现出类似的官僚化倾向。[1] 学校系统，特别是大的学校系统，体现了许多政府机构所具有的组织特征，因此，在对学校进行研究、理解和管理时可以更多地采用在组织和管理类著述中提到的传统分类方式和概念。

但应用于个体的学校时，组织和管理理论著述中的分类和概念虽然有用，但作用有限。对个体的学校而言，有三个现实因素使其难以按照标准的管理和组织类别来进行分类。

首先是规模，在大多数情况下，个体的学校因规模过小而无法适用那些在管理和组织语境中使用的强大的抽象概念。举例来说，这样的话语方式对一个家庭来说也有类似的不合适之处。人们不会提出设立家庭的首席行政官（CEO），也不用考虑控制范围的问题或实际的生产率问题。这些术语在家庭这个背景设定中听起来很做作。与其说学校像公司，不如说更像家庭，不仅仅在规模上，还在情感和关注点上。

管理和组织的语言是不适合于学校的第二个现实因素。学校有意为孩子们建立以成长为目的的环境，孩子们无须让自己去适应安排好的身份或角色，也无须一心一意专注于其他组织承担的某一个或某一组任务。当然，他们在学校之外的世界是多方面的（朋友、兴趣、家庭活动、邻里关系、娱乐活动等）。即使在学校里孩子们的活动受到限制，但他们的生活仍然丰富多彩：他们根据学习对象的变化做出不同的回应；他们通常会参与一至两项课外活动；他们经常与亲密的朋友或普通朋友社交应酬；他们常常与权威人士，比如老师、教练或只是作为单纯的人的大人们建立协商性关系。他们按照预期

---

[1] 见社会学家最近关于美国天主教教会机构生活的描述。Thomas Reese (1989) *Archbishop: Inside the Power Structure of the American Catholic Church*, San Francisco, Harper and Row.

参与到所有这些活动中,不断尝试,不断失败,也不断成长。①

第三个方面,学校不同于大型机构。学校的职责是教育、学习、掌握知识体系。教育的过程完全不同于汽车行业的生产过程,也不同于政府规划委员会的决断过程。学校的基本任务和工作方式有别于商业或政府机构。学习语言的使用,学习逻辑论证,学习概念和制度之间的关系,学习评价观点,是一个缓慢而艰苦的过程,需要无休止地练习和实践。吉尔伯特·海厄特(Gilbert Highet)②援引一位耶稣会教育家所说的"学生的思想就像一个窄颈瓶",表达了他的看法——一点一滴学习的时候可以吸收大量知识,但如果你试图把大量知识一下子注入瓶中,则会溢出来,最后反而都浪费了。③

认知心理学家已经认识到青少年运用抽象概念、进行逻辑思考的能力发展阶段。他们认为从一个阶段发展到另一个阶段的过程是缓慢的,且不完整。具有抽象思维能力的人并不总是进行抽象思考,回归到早先的具象思考的方式也很常见。④尽管这一点在对残疾孩子的教育过程中更明显,但所有的孩子都是按照他们自己的节奏、根据他们

---

① 对于学校教育的这方面很好的记录,见 Philip Cusick's (1973) *Inside High School: The Student's World*, New York, Holt, Rinehart and Winston; Nancy Lesko's (1988) *Symbolizing Society*, Lewes, Falmer Press; Peter McLaren's (1989) *Life in Schools*, New York, Longman。

② 吉尔伯特·海厄特(1906—1978),古典文学家、文学评论家、诗人、作家。出生于苏格兰,毕业于格拉斯哥大学和牛津大学,后任美国哥伦比亚大学希腊语和拉丁语。主要著作有:《古典传统:希腊—罗马对西方文学的影响》《教学的艺术》《嘲讽的解析》等。——译注

③ Highet, G. (1950) *The Art of Teaching*, New York, Vintage Books, p. 196.

④ 见 Piaget, J. (1948) *Judgement and Reasoning in the Child*, New York, Harcourt Brace; Furth, H. and Wachs, H.(1974) *Thinking Goes to School: Piaget's Theory in Practice*, New York, Oxford University Press; Kohlberg, L. (1963) "Moral development and identification", in Henry, N. and Richey, H. (Eds) *Child Psychology*, Sixty-Second Yearbook of the National Society for the Study of Education, Part I, Chicago, University of Chicago Press, pp. 322—323。

自己的意愿来学习的。国家立法机构对教育做了相关规定,学校不能强迫或命令孩子们进行学习。学校的"生产率"更多地取决于学习者的自觉性,而不是教师的天赋和能力。学校不能因学生不学习而开除他们,也不能因学生未通过考试而把他们送入监狱。

分错组织类别的学校改革

效率和效益的说法并不能概括学校教育的本质。这个说法自有其用。假如涉及的是国家的或大型城市的学校系统,考虑到规模经济或财政政策的制定,那么参照以效率和效益为核心的组织类别可能会有帮助。然而,如果要求全国或整个州的学校改革都完全围绕效率、效益来进行,并且刻意将效率、效益和被过分简单化的教育经济产出联系起来,那么这是给学校强行套上了一个既不合适、不实际也不可行的概念框架。[1] 效率和效益组织类别适用于大的教育系统,在这种教育体系中,单位成本可以表格化,并与毕业学生数、升学率挂钩。同样,在评估国家为家庭提供的一系列服务时,也可以用到效率和效益的组织分类。但这不适用于单个的家庭,因为家庭的规模和性质不允许其被简化为毫无人情味的抽象概念。从类似的意义上说,学校的规模、其根本任务的性质,以及服务对象变化发展的性质,决定了效率和效益导向的组织类别在对学校的管理或理解上作用有限。

来自于现有组织和管理理论的学校教育观念需要从更宽泛、更深刻的角度加以审视。当我们把学校教育视为戏剧时,将产生一种全新的学校教育观。本书揭示了学校教育的内在本质即人类戏剧——它

---

[1] 见 Linda McNeil (1986) *Contradictions of Control: School Structure and School Knowledge*, London, Routledge and Kegan Paul。

不仅仅是个人形成自己身份的过程,也是社会群体寻找自身定位的过程。学校教育的过程之所以可以被视为戏剧,不仅仅因为其中的表演者存在着变数,社会也同样存在变数。学校教育作为一种官方行为,指导孩子们如何在社会戏剧中表演,并在排练的氛围中对他们的表现给予评价(这里使用了更加传统的对教育的理解)。一旦年轻人走出学校,他们参与的社会戏剧就将在历史舞台上上演,即使表现糟糕也几乎不再有机会重新来过或者抵消。

组织文化与学校教育的戏剧性

在组织理论的著述中,有一种"组织文化"的视角。它运用符号、典礼、英雄人物、徽章和纹章等概念,进一步强化了源自于产业和政府组织的功能主义形象。学校和课堂的民族志研究有助于丰富我们对于学校作为一种文化的理解。[1]但对于学校组织文化的评述,倾向于主要从功能性角度来看待文化的作用。也就是说,组织文化被认为是达到目的的手段,是一系列组织要素的集合,如果运用得当,将大大提高"生产率",或引发学校的改革。这种功利主义的看法忽略了文化远远不止是"生产率"的问题[2],而是人类意义和目标的表达。另一方面,戏剧的视角使人们对学校的组织文化有了新的认识,包括文化元素如何构成了社会戏剧中的服装、舞台布景、灯光和其他戏剧效果。

---

[1] 见 Lesko, N. (1988) *Symbolizing Society* and Lightfoot, S. (1983) *The Good High School*, New York, Basic Books。

[2] 见 Vaill 对关于组织化文化的文献造成的错误印象的警告。这一错误印象是:文化是为组织化的目的服务的工具。Vaill, P. (1989) *op.cit.*, p. 148.

把教学当作表演

最近，帕加克提出采用剧院的语言和隐喻，为教学、指导和管理提供一种全新的视角。[1] 他所引用的资料[2] 和提出的观点都很具启发性，但似乎把焦点放在了老师身上，老师为学生进行表演，而学生是观众。如果学生把自己当成观众而不是演员，那么教学就沦为了一种娱乐方式——可能是高度艺术化的娱乐方式，但如果这部戏的结果对老师和学生来说都非常重要，那么作为剧中演员的学生则不会出现这样的情况。尽管这样的类比过分简化了两者的差异，但可以从这两种不同观点的名字上看出区别，一种观点叫"把教学当作杂耍表演"（Teaching as Vaudeville），另一种则叫"把教学当作戏剧的排练"（Teaching as Rehearsing the Drama）。

新与旧

尽管对本书来说一些原创性的观点可能是先进的，但很显然本书在很大程度上应归功于其他思想家。熟悉柏拉图《理想国》的人会发现相似的思考——把国家的学校质量和社会的共同未来联系在一起。偏爱卢梭《爱弥儿》的人则会看出他对我们的影响，即由老师组织学习活动，由学生对自己的表现和公共社会戏剧中成年人的表现做出评价。本书的大部分内容也是我对约翰·杜威在《民主与教育》和其他

---

[1] Pajak, E. (1986) "The backstage world of classroom supervision"，该论文发表于在旧金山举行的美国教育研究协会年会上，1986年。

[2] Rubin, L. (1984) *Artistry in Teaching*, Westminster, MD, Random House; Sessinger L. and Gillis, D. (1976) *Teaching as a Performing Art*, Dallas, Crescendo Publications; Horning, A.(1979) "Teaching as performance", *The Journal of General Education*, 31, 3, pp. 185—194.

著作中所表达的观点的进一步细化和阐述：学习是做；学习即生活；学校即走向成人过程的社会；学习是经验的转化；学习是实验，等等。保罗·弗莱雷（Paulo Freire）[1]的作品可能表述得更好，他关于"觉悟启蒙运动"（conscientization，葡萄牙语意译）[2]的论述道出了社会戏剧的实质，即社会戏剧是人类构建的概念，服务于人类意志。[3]他提出"实践"（praxis）概念，意指有意识的即兴创作。本书提到了弗莱雷的观点，即解放教育就必须走出他人为我们所写的脚本，创造属于自己的脚本，包括个人的和民族的脚本。有趣的是，托马斯·杰斐逊（Thomas Jefferson）[4]曾建议美国人民应该每二十年重新修订一次宪法。

除了这些教育思想家，本书也深受多位社会理论家的影响。欧文·戈夫曼（Erving Goffman）的作品，特别是《日常生活中的自我表现》（*The Presentation of Self in Everyday Life*）[5]一书，激发了我把社会生活当作戏剧来思考。伯格（Berger）和卢克曼（Luckmann）的《现实的社会构建》（*The Social Construction of Reality*）[6]一书以充

---

[1] 保罗·弗莱雷，世界著名的教育家、哲学家，毕生致力于教育实践和教育理论的研究，代表著作《被压迫者教育学》自发表以来，已被译成二十多种文字。——译注

[2] 觉悟启蒙运动，拉丁美洲开展的提高无文化者和下层人觉悟的运动。——译注

[3] Freire, P. (1970) *Pedagogy of the Oppressed*, New York, Seabury Press; (1973) *Education for Critical Consciousness*, New York, Seabury Press. 关于 Freire 作品的最佳评论之一，可见 Collins, D. (1977) *Paulo Freire: His Life, Works and Thought*, New York, Paulist Press。

[4] 托马斯·杰斐逊，美国第三任总统（1801—1809），《独立宣言》主要起草人，美国开国元勋之一，与乔治·华盛顿、本杰明·富兰克林并称为美利坚开国三杰。——译注

[5] Goffman, E. (1959) *The Presentation of Self in Everyday Life*, Garden City, NY, Doubleday Anchor Books.

[6] Berger, P. and Luckmann, T. (1967) *The Social Construction of Reality*, Garden City, NY, Doubleday Anchor Books.

分的论据将戈夫曼的理论扩展,而不局限于个人表现,也为本书的观点打下了基础。过去十年间,对我的思想影响最大的可能是厄内斯特·贝克尔(Ernest Becker)的著作。他的《意义的生与死》(*Birth and Death of Meaning*)一书使我理解了社会化过程及其内在的戏剧性,把人在社会习俗的约束下做自己的自由当作赌注。[①]贝克尔的《恶的结构》(*The Structure of Evil*)概述了自中世纪世界观崩塌之后,在启蒙运动的进程中,社会为寻求自身定位所做的斗争的戏剧性,以及在这场斗争中学校所扮演的角色。[②]罗伯特·贝拉(Robert Bellah)与他人合著的《心灵的习性》(*Habits of the Heart*)让我对当前美国人的生活,即处于公众参与的要求和私有化的个人主义之间的美国人生活的看法变得清晰。[③]这一戏剧在学校教育的戏剧中不断呈现。正如南希·莱斯科(Nancy Lesko)在对学校的文化冲突的分析中所阐述的那样。[④]最后是保罗·利科(Paul Ricoeur)[⑤],在过去许多年中,他的作品始终出现在我庞杂的阅读书单上。他认为"语言"(我称之为"脚本")是以"要求被说"为前提而存在的,他的观点有助于我对即兴创作重要性的深入分析。他的作品运用严肃的诗歌和隐喻语言,使我能够更加充满信心地反复强调想象力在即兴创作

[①] Becker, E.(1971) *The Birth and Death of Meaning*, 2nd ed., New York, The Free Press.

[②] Becker, E. (1968) *The Structure of Evil*, New York, The Free Press.

[③] Bellah, R., Madsen, R., Sullivan, W., Swidler, A. and Tipton, S. (1985) *Habits of the Heart: Individualism and Commitment in American Life*, New York, Harper and Row.

[④] Lesko, N. (1988) *op.cit.*

[⑤] 保罗·利科,法国著名哲学家、当代最重要的解释学家之一。曾任教于法国斯特拉斯堡大学、巴黎大学、美国芝加哥大学、耶鲁大学。2004年美国国会图书馆授予他克鲁格人文与社会科学终身成就奖。——译注

时的重要性，以及表达出需要说出的话。[1]

大量关于教育戏剧的著作帮助我完善对于学校教育戏剧性的思考。说到教育戏剧领域中的佼佼者，必须提到多萝西·赫斯克特（Dorothy Heathcote）的名字，尽管并非所有人都赞同这位教育家的教育方式。[2] 安大略教育研究所的理查·克特尼（Richard Courtney）清晰地阐述了戏剧学习对学习那些人类探索领域中的基本知识具有促进作用，同时展现了戏剧的学习与人类基本知识的学习这两者之间的关系。[3] 基思·约翰斯通（Keith Johnstone），一位资深教师，组织了一场深入而不失趣味的关于即兴创作的讨论，展现了日常生活中我们普遍会用到的胜人一筹的方法。[4] 戴（Day）和诺曼（Norman）对当代戏剧教育家的思想做了很好的全面概述。[5] 这一著作本身非常有趣，涉及的内容包括学校戏剧的制作，在课堂上运用戏剧作为教学手段，并描述了戏剧演出中发生的学习类型。但这一著作并未将学校教育视为社会戏剧的一部分。出于某些不可理解的原因，戏剧教育家似乎将戏剧当作学术问题而独立于现实生活之外，就好像现实生活本身就是既定的真实存在，而非人类创造的产物，这与戏剧艺术家创作戏剧的方式大致相同。

当然还有其他人也对我颇有影响，但上述几位对我在学校教育戏剧性的思考上的影响是最为重要的。尽管本书为许多教育工作者提供

---

[1] Ricoeur, P. (1981) *Hermeneutics and the Human Sciences: Essays on Language, Action and Interpretation*, Thompson, J. (Trans. and Ed.) Cambridge, Cambridge University Press.

[2] Wagner, B. (1979) *Dorothy Heathcote: Drama as a Learning Medium*, London, Hutchinson.

[3] Courtney, R. (1985) "The dramatic metaphor and learning" in Kase-Polisini, J. (Ed.) *Creative Drama in a Developmental Context*, Lanham, Md: University Press of America, pp. 39—64.

[4] 见 Johnstone, K. (1979) *Impro: Improvisation and the Theatre*, London, Faber and Faber。

[5] Day, C. and Norman, J. (1983) *Issues in Educational Drama*, Lewes, Falmer Press.

了开展工作的新方法，但并非只关于学校教育。它可能会让我们用更全面的眼光看待学校，以平衡此前过于强调功能主义的倾向。

争议

在社会戏剧的一切社会行为中，学校都扮演着极其重要的角色。社会戏剧中包含着个人与社会环境之间内在的辩证关系。个人必须了解社会环境才能做出恰当的回应。但是人不能仅仅像没有头脑的机器人对电子脉冲做出反应那样对环境进行回应，作为个体的人需要表达自己的个性。但这种表达会受到各种社会情境脚本的限制。

此外，个人不得不应对社会制度强加于人的日常行为规范。社会戏剧总是在一系列惯例、政策、规则、指导方针、行为的习惯方式的框架内进行。常规化通常被视为戏剧的对立面。当我开车进入加油站给汽车加油时，我会遵循这一场合的语言惯例和脚本。这是一个只需要投入最少思考和最低"存在感"的日常行为，在我的一天中并非一个戏剧性的时刻。然而，假如我冲进加油站想要实施抢劫，那么对我和服务员而言，这就确确实实成了一个戏剧性的时刻。假如加油站的服务员是我的未婚妻，那么这一时刻又有了其他戏剧性意义。但即使在正常的情况下，也要遵守某些社会习俗：不应该嘲笑服务员；事务处理完毕时应该说"请"和"谢谢"，在美国还可以说"祝你今天愉快"（Have a nice day）或"别紧张"（Take it easy, now）之类的标准化短语。这些习俗是让一件简单的事有人情味的最简便方式。

学校不可避免地要面对这种辩证关系。学校将孩子们带入正规的知识体系中，在这些知识体系中，世界具有了意义；而这些知识体系反过来又将意义强加于个人。当它们被内化为现实时，人就会用这些知识体系创造自我，并且使自身在世界中具有相应的意义。学校还与家庭一起，教会年轻人日常社会交往所要求的惯例。这些知识体系和惯例构成了一个人参与社会生活的基本脚本。

对社会环境做出的回应不可能完全照本宣科，奥威尔式的"动物庄园"是人类难以忍受的，并最终会对把惯例强加给社会生活的社会环境造成破坏。因此，学校不仅需要教授世界如何被定义，还要告诉孩子们这些定义是人类构想的概念，其目的是让人类过上满意的生活。当这些概念无法再为人类社会服务时，就要对其做出相应调整。换言之，学校必须告诉年轻人，社会戏剧本身是人类构想的概念，其维护和更新需要人们真正地参与其中。如果社会戏剧不是戏剧——也就是说，如果社会戏剧变成一成不变的套路——那么这个社会就不再是人的社会了。作为戏剧，社会需要人在最低程度上参与到人际交往中。作为人际交往，需要面对面与人接触，以非直接的巧妙的方式承认对方的尊严和神圣性。参与社会生活的每个人都必须是"我"，并对他人的"我"做出回应。因此，人性化的社会是无法完全事先脚本化的，必须给它即兴发挥的空间。

同样地，在获得知识、运用知识的过程中，个人必须承担起求知的责任。知识并非自然拥有，而是为人所获得。但知识不是专属于个人的东西，知识是社会戏剧脚本的一部分，社会群体通过知识了解自身、了解他们所在的世界。学校必定会教授知识，以正确的或歪曲的方式，这对以服务人类意志为目标的社会戏剧的发展来说，或有益，或有损。因此，学校教育中存在着一种戏剧性，个人自我实现与社会革新之间的辩证关系和紧张关系通过这种戏剧性得以解决；学校教育的戏剧就是社会戏剧的教育。

纯粹主义者可能会问本书属于什么类型。是教育哲学、社会理论，还是社会学家的研究总结？本书以条理清晰且合理的方式对学校教育中的各要素进行了阐释，在此意义上是理论性的。本书是在安东尼·吉登斯（Anthony Giddens）[1]提出的"社会理论"的基础之上，试图对人类社会活动的属性和在经验性工作中可被替代的人类主体的本质提出概念。[2] 本书也是哲理性的，试图将学校教育和对人类现实的基本理解联系在一起。书中包含一些社会科学研究的证据，但这些证据被整理过，在认识学校和管理学校时被用来进行解读和论证。最后，本书最重要的目标是提供规范性，教育者和教育政策的制定者在进行学校改革时会受到本书中所提出的价值标准和观点的影响。

---

[1] 安东尼·吉登斯，英国社会学家。当今世界最重要的思想家之一。——译注

[2] Giddens, A. (1984) *The Constitution of Society*, Berkeley, CA, University of California Press, p. xvii.

第二章 核心主题：戏剧

本章节中，我们将讨论本书的核心主题：戏剧。欧文·戈夫曼在他的著作，特别是《日常生活中的自我表现》一书中，引入了戏剧的主题。[1] 彼德·伯格和卢克曼的《现实的社会构建》一书阐明了知识既是人类构想的概念，也是人类行为的创造者，为戈夫曼对知识社会学的深入论述打下了良好的基础。[2] 厄内斯特·贝克尔的著作《意义

---

[1] Goffman, E. (1959) *The Presentation of Self in Everyday Life*, Garden City, NY, Doubleday Anchor Books.

[2] Berger, P. and Luckmann, T. (1967) *The Social Construction of Reality*, Garden City, NY, Doubleday Anchor Books.

的生与死》和《恶的结构》分析了人类从婴儿时期起的社会化过程，对戈夫曼的观点进行进一步阐述。[①] 在理解了个人、群体和整个社会如何参与社会戏剧之后，我们将开始运用戏剧中的术语和比喻作为基本方法对学校教育的戏剧性进行分析。

自我表现

欧文·戈夫曼在他开拓性的著作《日常生活中的自我表现》中，从大量的社会和文化资料中寻找证据，证明人类是如何进行戏剧化构作，如何在他人面前表现自己的。他的著作从戏剧的角度阐释了社会情境中的人的行为。

人们出现在他人面前时需要先了解相关背景、人物以及他人所期望的结果，以确定如何进行表演。假如正在向来宾打招呼的人是一个牧师，那么需要给出的初始反应是一种类型；假如此人是管家，那么另一种类型的反应更为恰当。情境需要明确。在守灵时，有一些特定的习俗和惯例要求；而在校友的资金募集活动中，则要求遵循的是其他惯例。有时需要我们自己规定情境，而有时我们则等待他人来规定情境。

通常，我们需要给他人留下一个好印象。我们穿着得体，依据场合的要求把握着装分寸。我们的用语适合我们所面对的对象的教育程度。我们选择开启的话题将把对话引向我们想要的方向。我们与他人之间保持的身体距离以及表现出的差异都显示出我们对对方的尊重。有时，我们的表现取决于我们想要得到对方怎样的反馈。是希望对方

[①] Becker, E. (1971) *The Birth and Death of Meaning*, 2nd ed., New York, The Free Press; (1968) *The Structure of Evil*, New York, The Free Press.

把我们看作是随性而风趣、自信洋溢的人，还是严肃认真且品行高尚的人？我们将努力创造这样的印象。

那些注意到我们表现的人通常会倾向于接受我们希望传达的印象。通常，我们说我们是什么样的人，他人便相信我们是什么样的人，彼此之间存在着信任。另一方面，他人也会迅速捕捉到一些与我们刻意为之的表现相互矛盾的行为。抖动的双手和抽搐的肩膀会把我们努力表现出的随意和自信统统出卖。

最受欢迎的幽默方式是通过我们的尴尬和有时夸张的表现来展现自己。我们可以嘲笑莉莎·杜利特尔为了掌握贵族举止和发音中的细节而做的努力（the rain in Spain stays mainly on the plain）[①]。电视剧角色乔治·杰弗逊一直在他攀高结贵向上爬的过程中娱乐观众。另一方面，阿尔奇·邦克[②]总是在他试图扮演一个全能父亲的时候，他的孩子让他出洋相。

大多数人会对下列社会角色做出特有的即时性反应：殡葬业者、汽车销售、职业拳击手、法官、保镖、摇滚歌星、军官、牧师、出租车司机、调酒师。换言之，我们会注意到人们在扮演这些角色时的表现，并且本能地知道他们的服装样式、说话语气和用词，这些都传达了他们角色类型的信息。

大部分人知道如何在不同的人面前——面对孩子或老板，面对客户或高尔夫搭档，面对高速路巡警或密友时——区别使用他们的词语、态度、行为和姿态。秘书们在 CEO 面前与他们在星期三保龄球联盟之夜和球友们在一起时的表现大相径庭。

---

① 意为"西班牙的降雨大多降落在平原上"。这是奥黛丽·赫本在电影《窈窕淑女》里练习的绕口令，她在里面扮演一个卖花女。——译注

② 一个虚拟的喜剧角色。

这意味着我们正在社会化,适应戏剧化的习俗,这些习俗指引着我们的社会生活。某些习俗适用于某一场合,但不适用于其他场合。大多数传统场合有脚本可循。此外,我们依照自己逐渐清晰的性格特征,学习表现自己。我们按照自己的意志,始终如一地表现自己,逐渐形成我们的自我角色(persona,按照字面意思即"面具")。我们不仅学习某些特定场合(诸如葬礼或拜访亲属)所要求的习俗,同时也学习如何呈现那个我们想要成为的或自认为真实的人。

作为人类建构产物的社会现实

关于"什么构成了现实"这一命题,长久以来一直是哲学家们致力于探讨的问题。哲学领域中占主导地位的实证主义常常忽视这一问题。社会学家彼得·伯格和托马斯·卢克曼从知识社会学的角度展开论述,进入到这一空白领域的研究。[1] 当我们认为每一个知识理论都假定了一种宇宙学的时候,这两位作者颇有说服力地提出一种观点,即知识是人们与环境相互影响下的社会构建的产物。每一种社会体系都有其历史渊源,而这历史渊源正揭示了人类构建这一体系的起源。纵观历史,每一种社会体系都揭示了该体系人为的持续不断的变更、修正与调整。[2] 同样,每一个人也都有其历史,这个历史受到人自身和他个人经历的影响,也是对这些经历的选择和回应。人类以此创造自我。

伯格和卢克曼假定了一种辩证法,可以涵盖人类生活的各个方面:人类构建意义,而意义定义人类。人类创建社会体系,而社会体

---

[1] Berger, P. and Luckmann, T. (1967) *op. cit.*, p. 189.

[2] *Ibid.*, p. 187.

系影响并塑造人。人类建立制度；制度使行为常规化；人们使日常规范内化，因而将其合法化；日常规范定义现实。通过反复的社交互动，人类创造了"类型化"，将人和情境分门别类；这样的分类让我们期待人和事以预期的方式呈现，因此，我们的行为也将以符合这些预期的方式发生。

因此，我们依照自己代表的类型，以不同的方式与不同的人接触。我们与父母讨论家庭事务——叔叔和婶婶的健康问题、表兄弟和外甥，或者邻里发生的事情；我们会与律师讨论合同，而不是昨夜做的一个滑稽的梦；我们与医生讨论的是关节炎，而非越洋运输的速度。换言之，生活的戏剧——这个与他人共同表演的作品——具有其内在假设，这些都是习得的，有其界限和脚本主题。我们可以即兴创作，但不创作任何旧的东西；确切地说，我们即兴创作的是符合当时所处时代的社会现实的某些特定片段。这些片段受到社会脚本的规定。这个脚本影响着我们的行为和认知，明确了我们的界限、角色以及在社会舞台中的局限。

社会化与脚本学习

厄内斯特·贝克尔对戈夫曼的社会行为分析进行了基本阐释。[①]他对弗洛伊德、阿德勒、赖希、兰克、弗洛姆、莱恩等的论著进行了概括，概述了人从婴儿期到成人的社会化过程。人在婴儿期因为害怕失去母亲的养育，会让自己适应母亲的希望、责备和指导。对于因可能失去母亲这个养育者且无所不能的人而产生的焦虑，唯一的控制方

---

① Becker, E. (1971) *op. cit.*

式是让自己变成母亲的样子，模仿她的举止，遵照甚至迎合她的要求，接受她关于这个世界好的或坏的、真的或假的、可接受的或不可接受的符号化的表述。

当孩子开始形成价值观时，他的自我意识觉醒，之后他开始学会依从他人的期望，解读他们的暗示，观察他们对于现实和价值的定义。社会使孩子社会化，约束他们不得体的行为，鼓励他们采用礼貌的方式，强化与性别有关的可接受的恰当行为，检查他们表达不同性别的举止。孩子们变得社会化，事实上，他们的自发行为、他们自身的愿望，甚至他们的自我都消失了，取而代之的是换上了一张他人希望看见的脸孔，说出他人希望听见的话，跟随他人的节奏来行动。这些改变如此彻底，以至于一段时间之后，这个孩子可能会对父母说："你们没必要再为我表现不好而惩罚我了，我会惩罚我自己的。"

社会化将孩子们带入一个具有象征意义的文化世界。拥有大量金钱有其象征意义，而它的对立面也同样承载着文化含义。某些职业、某些社区和某些衣着方式都体现着价值的细微差别。某些举动不会在公共场合发生；某些玩笑只可能在特定的场合开。一个人在不同场合会选择不同穿着。这些象征意义就像货币，人们用它来交换自我意识，因此社交过程的文化戏剧化表现就非常重要。如果我们表现糟糕，将有失身份。[①]

在个人领域发生的情况在社会范围内也进行着。社会所承认的合法权利可能建立在魔法、传统、宗教信仰、法律或者秘密警察的基础之上。在一个社会中被定义为合理、公平、理所当然的事情或行为在另一个社会中可能会有不同的解释。在心理学和社会学的共同作用

---

① *Ibid.*, p. 99.

下，个人层面和社会层面的社会想象往往互相强化。[1]苏格拉底指出，成人在政治和经济领域内得到社会宽容的行为，在孩童的社会化过程中却往往受到诸多限制。

因此，将社会生活描述为戏剧作品并非异想天开。孩子们在幼年时期得到父母和亲属们的教导，学习在公共场合如何表现，之后又受到身边的大人和同龄人的影响，学校也应该在教育孩子如何在社会戏剧中正确表现自己中扮演重要角色。有些学者认为，学校教育所提供的基本学识将帮助年轻人日后在现代工业、民主社会中发挥作用做好准备。[2]

罗伯特·得利本（Robert Dreeben）在《在学校学到了什么》(*On What is Learned in School*)一书中着重提出学校如何通过其组织结构和日常练习，教给学生诸如独立和成就等品质，培养他们的普世观念和专一性，这些对他们在当代美国社会中工作、成为公民都是十分重要的。[3]举例来说，学习独立的品质，要求学生对环境的细微差别具有敏感度。一个人在学术研究时必须发挥其自主性，在某些情况下合作会被视为舞弊行为。但人如何独立？我们显然不可能脱离课本或老师的"宠物理论"（pet theory）[4]。学术上的独立是一回事，在篮球队中独立是另一回事。学习在不同环境中独立是参与社会戏剧的一项基本技能。因此，将诸多学校教育活动贴上"学校教育的戏剧化"（the schooling of drama）的标签似乎并没有什么不妥。所谓"学校教育的

---

[1] 见 Fromm, E. (1964) *The Heart of Man: Its Genius for Good and Evil*, New York, Harper and Row。

[2] Sutton, F. (1965) "Education and the making of modern nations", in Coleman J. (Ed.) *Education and Political Development*, Princeton, NJ, Princeton University Press.

[3] Dreeben, R. (1968) *On What Is Learned in School*, Reading, MA, Addison Wesley.

[4] 宠物理论，就是不管该理论对或错，它的提出者都一味认为它是一个观点正确的理论。不是特指某一个理论，而是泛指某人偏爱的那些理论。——译注

戏剧化",也就是在社会戏剧中进行学校教育,以及为参与社会戏剧而进行学校教育。

戏剧的领域

既然我们说社会生活犹如一出社会戏剧,那么我们就可以运用戏剧的术语对它进行描述,用类比把我们的意思表达清楚。戏剧中,演员说剧本中的台词。同样,在社会生活中,人们也会按照文化脚本来讲台词。在剧中,演员扮演角色,就像"一个真实的人物在现实生活中一般"。在社会戏剧中,人们同样在扮演角色,但演员是"活生生的真实的人"。在社会戏剧的某些特别片段中,人的真实程度取决于他本人的投入程度。在某些情况下,他全身心沉浸到这个角色中,而无法将"真实的自我"从中抽离。在这样的情况下,这个角色的脚本就变成了这个演员表达他以为的真实的自我的唯一载体。

其他经常与戏剧作品联系在一起的元素包括舞台道具、布景、音效、灯光、化妆、服装、舞台设计规范,等等。一个剧本的完整的故事情节包含开头、中间部分以及尾声;也就是说,剧本的各个部分之间具有重要的关联,有其意义和价值,甚至是世界的缩影。剧本中的人物角色各不相同,他们的差异包括教育背景、年龄、性别、职业、人种、种族和阶级等。每个人物都要担任被分配的角色。他们不能更换角色——除非剧中有另一段戏剧的舞台呈现(即戏中戏,比如《仲夏夜之梦》和《异想天开》),或是呈现一个刻意的骗局,以此来表现诚信的社会风气遭到破坏(例如诈骗案件,或者某人扮演一个骗子)。

戏中戏是一个重要的戏剧手法,剧作家常用它来阐释大型戏剧中的一些关键问题(哈姆雷特说,"演戏就是陷阱,我要从中捕捉国王的良心"[1])。在公共生活这个大型的社会戏剧中,学校教育可以被视为戏中之戏;从另一个角度讲,学校教育的戏剧可以被认为是表象之下进行着的严肃的戏剧,是生活本身上演的戏剧。本书将对戏中戏这一艺术手法做大量分析。

戏剧作品的呈现需要各种类型的人,包括演员、导演、制作人、评论家、戏剧指导。演员表演戏剧("play at" the drama),或在剧中扮演角色("play in" the drama)。一个表演戏剧的人的表演无法令人信服;表演戏剧会使戏剧显得虚假。一个在剧中扮演角色的人则会将戏剧表现得如真实存在一般;演员抱着严肃认真的态度、带着压力进入到作品中会使作品具有可信度,使人认为这是真实的人物活动。

无论是在舞台上,还是在现实生活中,都存在着一种微妙的表演方式,这种表演介于真诚地扮演角色和扮演一个冒名顶替者或一个骗子之间。带着诙谐的夸张手法,刻意夸大情绪反应、手势、姿势和说话的语调。当一个人希望利用这个时机,希望以幽默掩饰尴尬,或竭力挖掘一个事件全部的道德内涵时,他会采用这样的表演方式。这种类型的表演包括:假装愤怒("先生,你怎么敢这样!"),假装惊讶("我从来没有怀疑过!"),开玩笑似的说教("不听妈妈话的孩子就会那样"),找合理借口("是恶魔让我这么做的!"),或者其他类似的夸张反应。表演者无意欺骗;而是用一种**可以被辨认的表演手法**来提醒舞台上的其他人:演出正在进行,他们不应该过于紧张。这种表演方式是对常规表演方式的刻意夸张,以强调交流的文化的人为性,并提醒演员始终以或轻松或严肃的状态进行交流,让表演充满人情味。这出戏不能是没完没了的夸张场面,但也不能始终只有无聊的

---

[1] 原文为"The play's the thing in which I'll catch the conscience of the King."。——译注

情节。当这出戏有可能走向极端时，表演者会用这种假装某种情绪的表演提醒每一个人应该如何表演。

　　导演要把戏剧作为一个整体来理解，要对戏剧的整体性和完整性有所认识，在做导演阐述时提出对该戏的想法。导演指导演员"表演情境"，以保证作品的整体性、完整性，以及实现自己的阐述。表演者对全剧可能有着与导演相似的理解，但他（她）更专注于表现人物，试图按照剧本展现的来理解戏剧。

　　制作人负责组织整个剧组投入到演出中。制作人要负责安排资金、场地、遴选导演，以及戏剧创作过程中的许多其他重要部分。

　　评论家专门对演出作品进行赏析与评价。评论家们会注意到一部有说服力的作品，对平庸之作和出色的作品加以区分。他们对所有的戏剧手法都了如指掌，并且懂得欣赏这些手法的巧妙呈现。他们同样会对脚本做整体评估，指出作品本身的思想和整体设计是否具有可信度，表达是否具有一致性。评论家通常代表了社会大众的看法，对存在缺陷的作品加以指点，为一个深刻的人性故事的精彩呈现而喝彩，帮助社会对戏剧事业的价值做出评估。

　　最后一个重要的人是戏剧指导。大部分演员需要和戏剧指导合作，以掌握表演的各方面技巧（声音、吐字、方言、肢体表达、各种戏剧手法，以及练习不同的角色以拓宽表演的强度、加强表演的深度，等等）。有时，在排练阶段，戏剧指导就开始和演员共事，纠正发音，调整手势，改善体态。上述这些不同的人将会在后面对学校教育的戏剧性的分析中再次出现。

　　在对学校教育的戏剧性的分析中还会涉及其他三个与戏剧制作相关的要素：排练（rehearsal）、无准备表演（extemporaneous performance）和即兴表演（improvisation）。在排练阶段，演员和导演会逐场完善、细排加工（抠戏）。演员的站位、道具、脚本的校订、调光、上场时间以及音效——所有这些都有多种方案，进行各种尝试，以寻求最合适、感觉最到位的那个。在排练期间，特别是开头阶段，每一场戏通常并没有预先确定的排演方案。演员会尝试他们自己对于脚本的解读；导演则偏爱某一种处理方式。女演员可能会向她的戏剧指导请教如何表达某种情绪。每个人都努力追求最真实和最具说服力的表演。有时，化妆或服装不理想，就会不断尝试各种方案，直到演员和导演都满意为止。排练是一个实验性的试错过程，在这个过程中理解剧作家的意图，进一步完善导演和演员对作品的诠释和演绎。这是一个学习的时机。

无准备表演是戏剧表演的一种方式，训练演员在极少甚至零排练的情况下进行表演，没有脚本，也没有事先准备的道具。表演者在场上必须充分发挥自己的想象力来进行编排。留给演员的是围绕着某一个主题或隐喻，完全自由发挥的空间；也可以要求演员通过直接感受一个角色（销售员、警察局长、汽车修理工）来创作人物。无准备表演可能是所有表演中最具创造力的一种方式，它要求演员当场组织脚本、设定故事背景，并且快速解读对方可能或正在做出的反应，即使没有任何表明他们的身份的提示。

即兴表演通常在某一类脚本中出现（有些人会将无准备表演和即兴表演混为一谈）。一种情况是给出人物角色的大致特征和情境，要求进行即兴创作；另一种情况是，演员可能把脚本中的一整段忘记了，不得不大致按照这场戏的总体情况来完成表演。还有一种情况是，对手演员可能忘了自己的台词，这就要求演员对他们的即兴发挥做出即兴的回应。即兴表演的关键在于，具备以一种有意义的方式将这场戏继续下去的能力，保持所扮演角色的总体特征的前后一致性，也可能会当场做出一些令其他表演者意想不到的举动。有时，即兴表演有助于塑造出比脚本中更为复杂或更加丰富的人物个性。每一个获得成功的即兴表演都离不开演员充分发挥想象力，对原有脚本进行延伸，并且以亢奋的状态或精准而细腻的表演投入到角色中去。

无论是即兴表演还是无准备表演都需要表演者"共情"（empathy）。"共情"意味着感他人所感，或理解他人的感受。有时也指理解他人为何会产生这样的感受，尽管这已偏离了"共情"，更接近于"认知"。比如无准备表演一个汽车销售员时，演员必须了解汽车销售员的想法与感受；扮演一个犹豫不决的购买者时，感受则会大不相同。在即兴表演中，特别是大范围的即兴表演，表演者必须领会场上其他人的感受。这两种表演都没有明确的脚本，因此即兴表演者需要用内心去倾听其他演员给予的回应，以及这回应背后的情感基调——他们是否**真**的同意别人所说？他们是否在假装支持别人的观点？他们希望别人继续还是走开？这些提示信息将使即兴表演者确定如何继续进行表演。

虚假 V.S. 真实

谈到社会生活如同社会戏剧，我们就必须讨论两种相对立的理解。一种理解认为，似乎社会生活都是人为的，并不真实；另一种理解则是，社会生活完全是蓄意的、有自我意识和由自我控制的。根据第一种理解，两个或三个人的相遇是刻意排练的结果，这就显得不真诚或者带有欺骗性。我们看重的是自然而然的举动，"所说即所想""心口合一""为人真诚"，等等。对生活和戏剧的类比，背后有一种操纵的意味，似乎是我们在操纵着人们以某种方式来做出回应。

我们读过销量过百万册的畅销书《人性的弱点》（*How to Win Friends and Influence People*）。在我们看来，我们不断地排练着如何要求加薪，申请银行贷款时如何穿着，如何向老板解释搞砸了的项目。即便在婚姻中，丈夫和妻子之间也会互相体察对方情绪上的波动，以便适时地避开某些话题，或者知道如何表述某些要求。许多人与人之间的交流其实都涉及如何设法让他人以我们的方式看待问题，如何让他人赞同我们，或者如何吸引他人合作。我们常常会为了证明自己有理，而刻意只提出被歪曲的或单方面的看法。这并不一定意味着欺骗，只是意味着没有说出全部事实或展示所有的真相。

另一方面，并不是所有的交流都是这样以自我为中心的。有时需要抱着同情心去倾听，有时还或多或少地需要客观询问。从最好的意义上来说，许多社会生活都是人为的。也就是说，是人有意识地尝试在人与人之间构建某些东西，并为人类服务，无论是婚姻、商店、教堂、桥梁、谈话、政治结盟或者学校。但并非所有社会生活都是人为创造的，许多时候也会发生或痛苦或幸福的意外。事实上，社会生活中大部分的人类重要活动都是相当复杂和多维的人为产物，例如语言、符号、仪式、习俗以及社会传统等。人类学习所有的这些活动，并且无数次地重复着它们。

第二种对于将社会生活类比为戏剧的异议指向社会生活的随意性和精神缺失。戏剧意味着表演者**在表演行动中**意识完全清醒。而在社会生活中我们常常会有那么一点儿精神不集中，死气沉沉地处理日常工作，还要面对乏味的细节重复和一成不变的环境。做一个戏剧表演者需要精力、专注力、智力和敏感度。大部分人无法长时间保持全神贯注的参与度。所以我们需要规则、程序和习惯性的做事方式，让我们的头脑可以暂时处于不受影响的状态。专业人士，比如医生、律师、教师、建筑师和法官，工作时常常需要全神贯注；离开工作后，他们也需要释放紧张情绪，用咖啡、闲谈、侦探小说或肥皂剧来缓解压力。有足够的证据表明，社会生活并非都是戏剧性的，大部分时候是在平淡无奇而又机械的工作和活动中忙忙碌碌。但另一方面，人类的重要活动却充满了戏剧性、激动人心。为保证可以完整地扮演角色，这些重要活动确实需要智慧、专注力、活力和敏感度。这些重要的活动（工作、学习、亲密关系、政治活动等），具有很高的风险性。我们希望可以获得圆满的结果。我们感受到投入、压力、兴奋，还有挑战。这就是戏剧。

从某种意义上说，戏剧一直在进行。即便有时候演员会无聊、虚伪、盲目、冷漠，但在这样的表面之下他却在努力做一个有价值的人或做一些有意义的事。反复的挫折和失败可能会将他们的真实渴望埋藏起来，但它一直真实存在着，藏在人的内心深处。同样，在社会中，在那些看似平淡乏味的日常活动之下，也有戏剧的存在。潜在的创造力和冒险精神可能会因恐惧或对权威的屈从而埋没，但终有一天会显露。当习俗、惯例、控制和可预知性不可避免地开始放松绝对控制，就给了创新力、独特性和直觉力生长的土壤。

学校必须辩证地看待这个问题。过多地强调传统会扼杀一代人创新"社会戏剧"的能力，但过分强调个人自由和自发性又会威胁到戏剧的结构，使一代人无法理解戏剧，丧失让戏剧继续下去的方式。通常，学校偏向于支持传统习俗和对社会脚本的分类。真正的学校教育的戏剧性应该是学校教育戏剧化的过程中，不会扼杀人的成就感、兴奋感、对社会生活的兴趣，让其中的每一个演员去发现、去创造自身和周围人的不平凡和大成就。

第三章　学校教育的戏剧性／戏剧化的学校教育

这既是本书的题目，也是本章的题目，同时也是一个令人困惑的问题。一方面，学校教育似乎是戏剧的核心所在；另一方面，戏剧被认为比学校教育的概念大得多。这两个并置的短语旨在表述约翰·杜威提出的关于学校教育的基本观点，即教育不是为生活做准备，学校教育的经历就是生活的过程。当一个人经历生活时，他也在生活中、在探索的认知过程中接受教育，在这个过程中，经验不断更新，而一个真正的民主社会正是倚赖于此。①

---

① 见 John Dewey (1961) *Democracy and Education*, New York, Macmillan; (1963) *Experience and Education*, New York, Collier Books。对约翰·杜威思想的深刻评论，见 John J. McDermott 两卷本的著作 (1973) *The Philosophy of John Dewey*, New York, G. P. Putnam's Sons。

在杜威看来，生活在民主社会意味着生活在持续不断的协商中——关于意义、价值、行动计划、社会和政治策略的评估，并了解民主在这些特定情境中的表现。换言之，生活在民主社会与孩子们在学校学习的过程极为相似：调查、合作、科学论证、实验、小组辩论和建立共识，根据新的经验纠正以往的错误认识。喧嚣的社会性的和政治性的民主，将随着集体讨论、理性思考以及经科学验证的信息而逐渐被驯服。然而，这个驯服过程并不完全，因为一方面能够搜集到的关于当时情况的信息和情报并不全面，而另一方面，设想的变革总是会受到局限而并不完美。在学校，通过不断对自然、社会和人类的工作更充分的了解，以及懂得如何可以工作得更好，年轻人接受着这种民主生活的固有教育。

在我们看来，个人生活和社会生活都充满戏剧性，也就是说，个人生活也好，社区、集体和社会生活也好，都是有意义的，是重要的。个人如何对待自己的生活对他们所在的集体、社区和社会来说十分重要。集体、社区和社会做出的选择具有重大影响。也就是说，人类生活和社会生活并不是可以简单地用物理和化学的数理定律来解释的。除了那些定律外，人的渴望、憧憬、斗争、选择、冒险和创造都是一部戏，关于个人和社会是否能实现英雄梦、成就美好，是否能成就人类精神内在的卓越品质，或者个人或社会采取的行动是否会因为一些致命的缺陷而对那些体现生命尊严的人类意义和目标带来破坏性伤害。

戏剧作为一种艺术形式，展现的是对当下以及过去和未来的解读。[1]作为一种形式，戏剧直到结束才算完整。当戏剧还在进行的时

---

[1] Susanne Langer 引用了很少得到认可的文学学者 Charles Morgan 的观点，来观察戏剧的艺术形式的不完整性的来源，Charles Morgan 称之为"形式的幻觉"。见 Morgan C. (1933) "The nature of dramatic illusion", *The Transactions of the Royal Society of Literature*, Vol. 12; Langer, S. (1953) *Feeling and Form*, New York, Charles Scribner's Sons, pp. 306—325。

候,行动仍在朝着某一个结局展开。表演者做出的选择所产生的结果使他们之前所有的行为都有了特别的意义。演员是成功还是失败,直到整场戏的最后一幕才会见分晓。每一个动作完成后的暂停都增加了当下的紧张气氛:这一系列行动是否会产生预期的结果,或者演员是否正跌跌撞撞地盲目走向不幸的结局?戏剧中的行动和选择可以暗示未来的走向,但一定要到最后结果才水落石出。当剧目结束时,整台戏作为一个整体跃然眼前,我们瞬间恍然明白,所有行动都是为了最终的结果而有机展开的。戏剧在其实现的过程中暗示着它的走向。行动必然是戏剧性的,因为其中充满期待、恐惧、希望、天真、探寻——所有的这些都指向未来行动终结的时刻。

离开剧场的时候,我们意识到我们也参与了行动,并且将持续下去,而这行动将指引我们走向未来。未来同样会证实我们做出的选择是明智的还是愚蠢的,是审慎的还是被蒙骗了,是重要的还是无意义的。生活的风险就在于我们永远也不确定我们的选择是否会带来美好的结局。我们不知道结果是否会证明我们的劳动、承担的风险和追求是正确的,还是将证明我们受到了误导、被蒙蔽、被欺骗。我们人生戏剧的本质是,我们的当下暗示着成功或者挫败的命运。对于一个没有未来的人来说,他的当下或过往毫无意义。

无论是个人生活的戏剧还是公共生活的戏剧都离不开选择。这些选择常常受限于人们当时所具备的知识以及他们的欲望和想象。这些选择涉及价值和意义的问题。在这些价值和意义之下是一个混沌不清的世界观,包含着对世界存在的方式和世界应该如何存在的假设。换言之,人的行动隐含着他对事物的认知框架模式,它使人们选择按这种而不是那种方式行动。即便是一些被我们贴上"精神错乱"或"罪犯"标签的人,他们的行为也是出于某些原因。尽管我们会指责别人"无理取闹""不可理喻",但通常我们的意思是他们并没有按照我们认为恰当或必要的方式来行事。

虽然学校并非知识的唯一来源，但学校是专门教授认知框架的，并致力于开发和表达认知框架。运用这些认知框架，青少年尝试各种自我创新和自我管理的方法，尝试建立社会关系并管理这些关系，他们逐渐走向成熟。他们不只是学习作为个体的脚本和社会生活的脚本，还要亲身体验，以确定是否愿意按照脚本走下去。此外，他们学习基本的世界观，使他们的人生剧本变得富有意义。

体量较大的社会戏剧可以以相对固定的方式在学校呈现，有相对固定的脚本，并且展现看法全面的或意识形态上完美的世界观。学校也可以更加真实地把社会戏剧呈现出来，展现一个发展中的世界，充满不确定性、危险性，但同时也充满了各种奇妙的可能性——在这里，历史正在被创造，而并非只是简单地由一群人记录下另一群人。在这样一部戏剧中，需要英雄式的人物角色，需要人们投入到政治、科学和艺术的戏剧性的行动中，以创造一个全新的更好的世界。这部更大的社会戏剧是个人和公众实现自我的舞台。也就是说，人们可以参与到更大的戏剧中，通过参与群体的更大的目标而得到精神上的满足，使个人超越原先自我陶醉的享乐主义。

在某种意义上，参与社会戏剧的认知早已存在。人文科学、自然科学和社会科学的发展为参与社会戏剧、创造历史提供了知识和方法。这些发展也让人们意识到在人文、自然和社会科学的方法和知识方面的**局限性**。同时也提出一个认知，即人们结合知识构建起的世界观是人为的产物，知识的形成是为人类意志服务的，而与其目的是为了解放还是控制人类意志无关。这意味着对知识和认知的探索本身就是一部戏剧，人们试图创作一个脚本以实现对大的社会戏剧的管理。

假如知识本身并不确定，那么社会戏剧的表达形式也同样不确定。它们也被看作是人为的产物，意在将戏剧行动引向某一个方向。

社会戏剧的形式为在学校进行学习和评价提供了合理空间，也为设想可行方案并评估其结果提供了合理空间。运用强大的计算机模拟技术，这些设想的方案都可以变成相当具体的场景。

如果社会戏剧实际上并非一成不变、可预测的，而是不断发展的、动态变化的、不可预测的，如果这个社会戏剧反映的世界观实际上是人为构建的、为人类意志服务的，那么在学校教育学生负责任地参与社会戏剧这件事上，教育需要应对知识具有戏剧性这一本质，应对构建戏剧的改良形式也具有戏剧性这一本质。这种知识的管理方法和有意识的自我的管理方式适用于个人生活的戏剧，同样也适用于社会生活的戏剧。

学校教育之所以充满戏剧性，是因为在学校，孩子和大人们每天的生活都充满微小的却重要的挑战、胜利、失败、紧张和决心。戏剧无处不在，课堂辩论时，对热力学定律进行深入理解时，低年级足球校队取得成绩时，男孩在房间里抽烟被逮住时，在午餐时间交到朋友时，通过期末考试时，等等。然而，从更深的意义上讲，学校教育之所以是戏剧性的，是因为学校教育的结果对个人和社会而言都至关重要。戏剧化的学校教育本身具有戏剧性，因为社会戏剧的未来取决于学校教育如何实施。即使我们无法准确地预读未来，但我们可以好好向过往学习，避免那些最终导致僵局或对社会戏剧造成破坏的脚本。

所以，这些思维曲折的论述也许可以在具体的实际意义中得以呈现，我们将探讨在学校教育期间戏剧性学习的三个实例，这些学习同时也是对大的社会戏剧的参与。这里提到的社会戏剧包括友谊、工作和公民责任。学前教育的经历和正规的教育背景将为学习有关这三方面的社会戏剧奠定基础。但我们将看到，在更大的社会戏剧中，这三个要素非常不确定，这三方面的学校教育确实是极具争议性的社会政策问题。学校教育在这三个方面的不确定性强化了本章节提出的观点，也就是，学校教育的行为对处于社会戏剧中的许多人都具有重要意义。

社会行为的基本准则

当一个孩子从出生到步入青春期早期，他的行为将从相对自恋、散漫、无差别，转向相对关注他人、专注、有序并且目标明确。通过观察、模仿、玩耍、与同龄人交流、父母的言传身教以及直接命令，孩子们学习社会行为的基本准则。他们懂得有些行为在公众场合是被禁止的，某些话是粗俗的、不能在公众场合说，有些在操场上可以做的事却不能在教堂或教室里做。他们学习表示礼貌、尊重和敬意的习惯用语，学习看地图、坐公共汽车和火车、去商店购物、干园艺活或者奉茶。在这些例子中，孩子们学习适应日常生活环境，并且在这个学习过程中表现出色。他们在学习如何赢得"观众"的掌声和认可。

同时，他们也了解到并非所有社会生活都是完全脚本化的。他们和朋友在一起时，可以谈论他们不会和父母或老师讨论的话题。他们可能会有一点儿疯狂，辜负一些正常的社会期望，嘲笑愚蠢的对话，头脑里充满幻想。和父母在一起，特别是和母亲在一起时，孩子们往往更加天真率直，会提问题，想知道为什么是这样或那样，表达他们疑惑、生气、孤独的感受。在游戏中，孩子们可以尝试并即兴发挥，尽管他们的行为会受到游戏规则的限制。他们寻找可以"做自己"的时机和地方。然而，在许多场合下，他们并不能做真正的自己，不能说出自己的感受，也不能直率地行事。

这些差异使孩子们能够区分社会戏剧的不同层次。有些时候他们心情愉悦，彻底放松做自己。但有时候，他们完全受制于别人的脚本。还有一些场合，他们一方面自由创造属于自己的脚本，但在某种程度上却不得不遵循别人给他们设定的脚本。

正式的学校经历

当孩子们进入学校时，他们会被视作为这个群体的成员，得到学校分配给他们的角色，即学生。每个人都要遵守学校的规定，每个人都要学习。学校会不时举办让学生表现自我的活动，如唱歌、绘画或民间舞，但学生们的大部分时间花在学习大人们认为重要的知识上。在最初的学校体验中，孩子们潜在的学习收获是找到归属感，成为学校和学校所服务的社区中的一分子。学生无权选择不去学校，也不能选择放弃某一课程。成人世界似乎拥有绝对的权力，可以要求孩子们遵守学校的日常规范。即便是以往具有权威的父母，也会被叫到学校因为他们孩子的错误而接受批评。

孩子无法说出也无法理解这种面对一种力量的经历，他们遇到一个具有权威的人负责管理他们，这个人有权要求孩子们服从，也有权惩罚不听话的行为。孩子们初次面对这样的情形，尽管通常这并不是个可怕的经历，但表明他们在学校学习的脚本具有绝对性。这是一项严肃的事业，具有绝对的必要性，这也是对现实的定义，不该随意对待。

在学校，学生们不仅学习"什么是真实"，也学习事物本该有的样子。如果一个人拒绝接受这个脚本设定，他将被正常社会所抛弃，被扔到只有疯子和恶人的社会边缘。这传递给我们一个信息："你最好还是遵从，**要不然**……"事实上，之后虽然孩子们会把学校里学习到的脚本内化，理解事物存在的方式和事物应该的存在方式，但特别的行为会被社会排斥的印象依稀永存。社会戏剧的学校教育确实是一项严肃的事业。

学校教育与友谊

在学校,孩子们可以接触到各式各样的人,他们不是自己的家人,也不属于同一宗族,甚至不是同一民族。他们必须在有限的时间空当里学会如何与他人相处,如何把他们视作团队成员,并用抽象的类别概念来描述他们(他是意大利人;她是爱尔兰人;他是音乐家;她是科学家;她真的非常聪明;她很普通),是为了某个目标而在一起度过某段时光的人,并不像家庭成员那样几乎可以完全接触。借助语言惯例,他们至少可以在一个浅显的层面上交流思想和感受。他们学习在别人讲话的用词、语气和眼神中捕捉微妙的信息来判断对方接受抑或拒绝的态度。

友谊在与更大的群体交往中得到发展。人们设法加入一支队伍、参加一个俱乐部或者受邀加入一个组织。这些群体有的与学校有关,有的则没有。人们在家庭中学习开启一段友谊所必需的基本技能和理解力,并得到强化。学校则在家庭教育的基础上进一步提升和完善这些基本的技能。

友谊的沟通需要语言。可以肯定的是,友谊并不仅仅是语言。但当两个人谈论他们的共同之处时,他们的友谊会得到发展。还没有多少语言能力的小朋友会用拥抱和微笑来向他们的朋友表达自己的感情,但这样的友谊不会发展得很远,直到有一天他们可以讲话。能够与他人交谈意味着在友谊的戏剧里还有其他元素的存在,意味着讲真话,意味着有能力做出承诺、达成协议,也意味着可以与别人分享一天中发生的事,并且通过讲故事分享其中的意义和价值。虽然学校并不会教孩子们怎么交朋友,但老师经常会教给孩子们巩固友谊的品质,比如忠诚、正直、尊重、诚实、守信。①

友谊对社会戏剧的体验至关重要。如果一个孩子在成长过程中没有朋友,那么他与他人的关系就会变得冷漠而疏远。他们会用学到的惯常方式与人交谈,照本宣科地遵照在某一类场合下对某一类人以某种方式说话的脚本。交朋友会让人在社会戏剧中有更深刻的即兴发挥的体验。交朋友并不存在什么基本原则,因为每一个人都是独一无二的。发出的邀请可能会被视为骚扰而遭到拒绝。刚开始必须慎重,留心每一个微妙的提示,包括语音语调、肢体语言、眼神交流、地位的差距,等等,以了解自己是怎么被理解的。交朋友的过程中可能会遭到拒绝,被嘲笑、被羞辱,直到接收到被接纳的信号。

一旦被接纳成朋友,一个充满各种可能性的全新世界就开启了。拥有朋友使一个人可以和自己或幻想中的朋友进行对话,使一个人尝试朋友感兴趣的事情,投入到新的游戏中,探索幻想世界,一起去旅行去探索附近的未知区域,学习如何与朋友的父母和兄弟姐妹相处。与此同时,有了朋友也会让人感受到自己的重要性,也给予了和他人在一起的重要体验。

与朋友分享生活将使孩子们拥有社会戏剧中的一种基本体验,它将孩子从家庭戏剧带入有其他人存在的戏剧中,从某种意义上说,属于他人的戏剧中。② 这种体验极具戏剧性,涉及自我暴露的风险,对弱点的焦虑,忠诚的负担,争吵的痛苦,一起做一件新鲜事的兴奋感,个人空间被侵入的威胁等。简言之,这是一种建立在人性基础之上的

---

① 对学校教育这一方面深刻而入微的处理,见 Parker Palmer (1983) *To Know As We Are Known*, San Francisco, Harper and Row。

② John McMurray 强调了在人类生活的各个领域中个人关系的必要性。见 McMurray, J. (1961) *Persons in Relation*, London, Faber and Faber。

临时发展起来的关系。在友谊中，一种非常重要的体验得以发展，即演讲的体验和语言交流的互动。和朋友在一起，可以探讨想法、观点和问题。在讨论的过程中，对看法的交流就好比接球游戏中网球被来回投掷的过程。两个朋友对一个经验进行语言定义、对一个问题进行表述、用比喻的方式表达某种感受达成共识。在交谈过程中，孩子们学习如何创造和分享意义。这种语言的交流和对意义的提炼的能力是社会戏剧的即兴创作中的一个重要元素。

虽然不知道如何用语言来表述，但孩子们懂得社会生活有不同层次的关系：有些关系相对表面化，人们在这些关系中讲程式化的台词以求用最少的麻烦来做成一件事；有些关系安全而普通，被视为理所当然，就如家庭生活中的关系；还有一些非常特别，比如和朋友的关系，他们全身心地投入到一种深入的交流中，感到自己充满无限生机。

在各种形式的社会生活中，人必须始终意识到自己是人（主体），并与其他人建立关系。假如社会生活中人们以对待物品的方式来进行交流，那这个社会是多么可怕、多么畸形啊！在那样的社会里，每个人都被分门别类，被简化为一个抽象的概念或一个统计数据：这个人是工人群体中的一个百分比，那个人是消费者或制造者，还有一个人是本党成员或者反对党成员。正是这种人格丧失的社会，使警察国家成为可能。在警察国家里，人与人之间不可能有自由的交流，因为最微不足道的轻率行为都可能被他人向当权者告发。这种人格丧失使最具欺骗性的宣传广告都变得合理，因为它增加了收益。

友谊的经验教会我们体会共同的人性。在友情中形成的同理心使我们学会换位思考。在友谊的经历中，我们形成一种价值观。我们尊重自己作为人的价值，也懂得他人的价值，所以我们把社会生活中的与人交往视为公民与公民之间的关系，给予他们充分的尊重、尊严和信任，使社会生活充满人情味和道德感。然而，在这样一个竞争激烈且越来越以自我为中心的世界里，这种社会生活存在许多问题。[①] 尽管学校鼓励孩子们参与、鼓励团队合作，但却很少花时间（一些学生辅导员除外）告诉他们为了友谊可以选择妥协。

"工作"脚本中的学校教育

正如罗伯特·得利本所说，学校教育是为人的职业生涯做好准备。[②] 学校的日常教学教导孩子们上班准时，对工作负责，具备一定程度的业务能力，自力更生、自给自足，为得到奖励而努力工作，遵守程序规定和方针，延迟享乐，按期完工，控制失败率，摆脱怪念头和冲动，接受被冷漠对待，了解适用于不同能力、不同背景的人的普遍规律，用象征性奖励取代物质上的满足，通过象征符号和服饰寻求身份的差异化，了解与工作相关的技术背后的科学原理，接受基于业绩的职位差异，接受由经济制度决定的工作条件。我们在学校学习所有这一切，或者说学习了其中绝大部分。这并不是说我们理解了为什么事物是它们所呈现的样子，只是意味着我们接受了脚本对此的定义。

许多这样的要素在劳动者的脚本中只能通过学校脚本化的日常生活得以展现，以间接的方式教给学生。学校作为一个行政机构，与其他大多数行政化运作的机构并没有太大的区别。学校按照大多数行

---

① 见 Christopher Lash (1978) *The Culture of Narcissism*, New York, W. W. Norton; M. Scott Peck (1983) *People of the Lie*, New York, Simon and Schuster; Robert Bellah *et al.*, (1986) *Habits of the Heart*, New York, Harper and Row。

② Dreeben, R. (1968) *On What is Learned at School*, Reading, MA, Addison Wesley.

政机构的标准来指导孩子们的行为举止社会化。

但如果学校坚持认为学生应该理解社会戏剧中的人性内涵,那么就必须教给学生在工作中即兴发挥的能力,提出解决问题的更优方案的能力,并因自己的工作给他人带来幸福而获得自豪感和满足感。换言之,学校参与到为人类服务的目标中,并且鼓励学生在脚本范围内即兴创作,以推动目标的实现,允许年轻人用自我更新和自我实现的方式来演绎"工作"这个社会戏剧。

"公民"脚本中的学校教育

在公民教育中,实际上学校会教授多个脚本,而其中许多脚本都相互冲突。这些脚本都反映了社会戏剧中的矛盾和冲突。作为公民,一个人应当加入到政治民主进程中,理应支持民主作为学校公共生活的重要形式。但在美国人的生活中也有针锋相对提倡个人主义的脚本:我们应该自给自足,富有事业心,独立自主,自力更生。亚历西斯·德·托克维尔(Alexis de Tocqueville)[①]早在19世纪30年代就提出了美国人的性格中存在的这种矛盾。他将家庭生活、宗教信仰和对当地政治的参与度视为美国特色的重要组成部分,它们为自由和民主机构提供保障。[②]他同时也指出,个人主义倾向将使美国人不愿参与公共生活,而更关注私人利益和个人权利。

最近罗伯特·贝拉和他的同事们在对美国人的这种矛盾性格进

[①] 亚历西斯·德·托克维尔,法国政治思想家和历史学家。代表著作有《论美国的民主》和《旧制度与大革命》。——译注

[②] de Tocqueville, A. (1969) *Democracy in America*, in Lawrence, G. (Trans) and Mayer, J. (Ed.), New York, Doubleday Anchor Books.

行研究后发现，个人主义已经发展到比参与当地社区生活和国家活动更加重要。[1] 似乎人们想要的是一个舒适、安全、属于他自己的私人空间，让他们可以从公共生活的混乱、冲突和压力中逃开，享受与爱人在一起的丰富生活带来的满足感，低调奢侈品给予的舒适感，以及现代科技提供的娱乐生活的愉悦感。向社会福利事业做捐赠，关心社会弱势群体，建立更加公平的财富分配制度，争取进入法律和政治机构的机会，对当今大部分美国人而言这些不再具有吸引力，也不再是道德义务。参与地方或全国选举往往是许多公民的责任，但参与的人数却在不断减少。[2]

学校把这些相互矛盾的脚本传递给学生。一方面，学生被要求弘扬学校精神，参与学校活动，并因身为团队和学校大家庭中的一员而感到满足。同样，他们也被鼓励珍视"我们的民主生活"。在社会学习中，他们了解到民主和极权两种政治形态之间的差异。在公民课程中，他们被鼓励参与政治生活，讨论公共政策，参加国家和地方选举。在有些学校，鼓励社会服务组织和学生志愿者组织帮助老年人、残疾人和自然灾害的受难者。

另一方面，学生们学到的是有关竞争的脚本。成就是个人的事；为了成绩、为了班级排名、为了进入好的大学，必须和自己的同龄人竞争。课外活动中被称为"团队合作"的行为在期末考试中则被视为作弊。个人价值和个人成功的思想意识往往会抹杀知识本应为社会所

---

[1] Bellah, R. *et al.* (1985) *Habits of the Heart*, New York, Harper and Row.

[2] 见 van Gunsteren 的文章，其中概述了公民身份理论中的一些问题性因素，尤其是欧洲的阶级意识。见 Van Gunsteren, H. "Notes on a Theory of Citizenship", in Birnbaum, P., Lively, J., and Parry, G. (1978) *Democracy, Consensus and Social Contract*, Beverly Hills, CA, Sage Publications。

用的认知。虽然学校鼓励团队活动，但在现实戏剧中上演的却是个人为学业成绩而奋斗。等级和考试成绩可以"买到"进入下一阶段教育的门票，并随之得到最赚钱的工作。学校传递给学生的信息是学校教育都是为了获得美好的生活、实现美国梦。而最美好的生活则属于在竞争中得到最高分数的那部分人。[①]

戏剧化的学校教育的问题

教育者希望学校可以更好地回应社会戏剧的教育提出的挑战，他们与社会戏剧的参与者和社会戏剧的研究学者之间产生了意见分歧，分歧集中在学校教育应该为孩子们参与社会戏剧提供哪些类型的准备。全美促进卓越教育委员会（The National Commission on Excellence in Education）认为学校应当帮助年轻人做好在不断发展的工作和竞争激烈的世界经济中进行终生学习的准备。对他们而言，国家层面的社会戏剧正走向人口的分岔点：制定科技、经济和政治决策的高知精英占总人口的小部分，且在减少，而占人口大部分的受教育程度低的公民人口数却在不断增长，他们不仅不能从事竞争激烈的工作，甚至他们提出的问题也无法为社会政策的制定提供导向。除了其他有益的教学活动，学校还要让年轻人具备在迅速计算机化的工作环境中不断学习的能力，这是对"学校教育"这一脚本的定义，也是对社会戏剧的学校教育的定义。[②] 另一个国家级的重要组织也发表了类

[①] 见 Lesko, N. (1988) *Symbolizing Society*, Lewes, Falmer Press。

[②] 见 Gerald Holton, (1984) "A Nation at Risk revisited", *Daedalus*, 113, pp. 1—27。

似的观点。[1]

还有一些人批评过于乐观的、对经济形势和工作环境的描绘。卡诺伊（Carnoy）指出，工作环境中越来越多地使用计算机和机器人可能会加速劳动力的分化，让更多的劳动者只能从事维修、保安和文秘等低收入的服务性工作。[2] 另外，这些工作可能并不需要掌握学校改革倡导者所要求的复杂技能。因此，即使美国所有的年轻人都响应改革号召，并且做好投入高科技工作的准备，在社会顶端也只有极小的空间留给他们中间的一小部分人。此外，中间区域的工作岗位正在缩减，其中很多都被计算机网络取代了。

沃思引用了卡诺伊提出的高科技对劳动力造成影响的观点。[3] 卡诺伊进一步提出一系列问题，从美国企业的政治不敏感性问题、已经对美国造成困扰的社会差距问题，到新科技带来的生产和消费增长增加环境成本的问题，等等。

除了这些批评的声音，还有针对社会戏剧和社会戏剧的学校教育问题提出的更深入的分析。女权主义者批评文化、经济、政府、法律体系、多数形式的公共组织生活，甚至语言本身都受到男性视角和价值观的主宰。他（她）们指出，学校在不知不觉中已沦为继

---

[1] The Committee for Economic Development (1985) *Investing in our Children: Business and the Public Schools*, Washington, D.C.; Doyle, D. and Levine, M. (1985) "Business and the public schools: Observations on the policy statement of the committee for economic development", *Phi Delta Kappan*, 67 (October), pp. 113—118.

[2] Carnoy, M. (1987) "High technology and education: An economist's view", in Benne, K. and Tozer, S. (Eds) *Society as Educator in an Age of Transition*, Chicago, University of Chicago Press, pp. 88—111.

[3] Wirth, A. (1987) "Contemporary work and the quality of life", in Benne, K. and Tozer, S. (Eds) *Society as Educator in an Age of Transition*, Chicago, University of Chicago Press, pp. 54—87.

续压制女性的机构。[1] 越来越多的、观点清晰的左翼学者们批评美国企业的政治和文化霸权控制着社会戏剧和对社会戏剧的学校教育。早期对学校的批评是学校简单复制社会的统治结构[2]，现在这样的批评已被更为复杂的分析所取代，它们充分运用了霍克海默、哈贝马斯、福柯和德里达等欧洲哲学家的理论。[3] 他们的哲学框架可以帮助那些批评者对权力关系进行分析，这些关系不仅出现在经济和政治形式中，也存在于我们使用的语言中。除此之外，知识本身也已成为权力的产物。

因此，学校教育可以用其对待语言和知识（可以是现有的，也可以是新创造的，可以出于支持的目的，也可以用来反对）的方式来表述它的使命——可以为了解放，也可以为了控制。换句话说，学校教育可以继续编织谎言，假装脚本呈现的是本体实在（ontological reality），也可以展现由人类构建的、其本身存在诸多问题的、需重新构建的脚本。

---

[1] 见 Keohane, N., Rosaldo, M., and Gelpi, B. (Eds) (1982) *Feminist Theory: A Critique of Ideology*, Chicago, University of Chicago Press; Clarke, M. and Lange, L. (Eds) (1979) *The Sexism of Social and Political Theory: Women and Reproduction from Plato to Nietzsche*, Toronto, University of Toronto Press; Thompson, P. (1986) "Beyond gender: Equity issues for home economics education", *Theory Into Practice*, 24, 4, pp. 276—283; Weiler, K. (1988) *Women Teaching for Change: Gender, Class and Power*, Granby, MA, Bergin and Garvey。

[2] 见 Bowles, S. and Gintis, H. (1976) *Schooling in Capitalist America*, New York, Basic Books; Bourdieu, P. and Passeron, J. (1977) *Reproduction: In Education, Society and Culture*, London, Sage。

[3] Apple, M. (1982) *Education and Power*, London, Routledge and Kegan Paul; Aronowitz, S. and Giroux, H. (1985) *Education Under Siege*, South Hadley, MA, Bergin and Garvey; Wexler, P. (1987) *Social Analysis of Education*, London, Routledge and Kegan Paul.

重新定义学校教育的戏剧性

不管人们是否接受左右阵营对学校教育的批评,很显然人们有一个全新的认识,意识到对一个国家的未来而言,如何经营学校是非常重要的。在某种意义上,所有人都会认同国家的未来正在学校接受着培育,这样的培育没有确定的意义,但重在培养想象力的可能性。从某种角度讲,当成千上万的年轻人做出退学的选择时,已经显现出未来将要投入的经济和人力成本。从另一个角度讲,当老师和父母接受可能最有利于孩子们的政治现状,当他们鼓励年轻人掌握知识体系——这个知识体系所传达的对现实的观点正是在男性主导的军事工业复合体影响下出版的教科书和课程指南所呈现的,未来将要投入的政治和人力成本也已存在。[1]

从个人或者公众的视角来看,学校的经历将对年轻人产生一生的影响。学校教育之所以是戏剧性的,并不是因为学校的日常生活有可能成为好莱坞电影或史诗小说的题材,而是因为孩子们每一天在老师所作选择的指导下做出的小小选择,将日积月累成为一生的选择。而这些选择,也将对社会产生影响,影响公众创造或扼制社会形态的方式。

校内的选择涉及做一个大人物还是无名小卒,可能是一个隐秘的大人物或公开的小人物,也可能是公开的大人物或隐秘的小人物。年轻人可以选择被动,任由他们的角色和他们自身受课程、老师、同龄人、校方、电视和商品文化的影响。或者,他们也可以选择积极参与到戏剧中,凭借自身的努力成为大人物。他们可以问为什么

---

[1] Greene, M. (1989) "Cherishing the World: Toward a Pedagogy of Peace",该论文发表于在旧金山举行的美国教育研究协会年会上。

是这个或那个意思,也可以接受课本上对事物的解释。他们可以将自己的理解和从学校学到的知识结合起来,也可能被告知他的个人理解仅仅属于他自己。

同样,老师在戏剧中也可以或主动或被动地成为参与者。他们教授科学,可以对着教科书照本宣科,也可以结合对当前环境政策的争论。他们可以根据教学大纲来教历史,也可以按照教科书来讲解,并且依据历史人物可能做出的不同选择,对历史进行重新构建;故事可以被当作独立的文学作品教给学生,从中获得娱乐(也可以得到分数),也可以作为戏剧的不同版本。

校长和其他管理人员也面临参与戏剧的挑战。他们如何管理和协调这个戏剧,毫无疑问将影响到戏剧的好坏。他们可以将学校教育视为完全脚本化的戏剧,也可以用变化的眼光来看待它,这里每天都在发生新的变化——鼓励年轻人学会更好地表达自己,对他们的世界有更新的理解——每天的生活都充满戏剧性的可能。

在后面的章节中,我们将深入讨论这一话题。先将戏剧及其内在冲突置于组织好的语境下,我们将开始思考学校如何有助于社会戏剧中人格的形成,如何有助于推动集体力量的形成。之后的章节将深入分析老师、管理者、家长和校董事会成员在表演、指导和批评学校教育的戏剧性的过程中如何发挥领导力。

第四章 作为组织化的戏剧的学校教育

现在我们转向学校教育的戏剧这一舞台。一般来说，戏剧发生在特定戏剧空间中，有各种舞台空间、灯光、布景存放空间、排练厅和化妆间。戏剧的世界也意味着对人们在排练和演出这个戏剧时将如何表现的理解。脚本被当作框架，所有的一切在这个框架中发生。对灯光、服装、布景、演员的站位和动作，脚本中都给出了建议或者提示。如果理由合理，对脚本稍作偏离是被允许的，但过多的改编会影响到戏剧的整体性。这部戏就会变成另外一部不同的作品——有可能更好，但不同于原版。

学校教育在社会组织中进行，和剧团一样有其组织利用空间和时间的方式；有教师的排练日程表，用于规划他们的场景；有舞台区域，比如教室；有学生们的排练场地，比如图书馆、媒体中心、礼堂、体育馆和实验室；有教师们自己的排练场地，比如教师办公室、系多功能厅等。另外，学校教育的戏剧性深受学校自身的认知和外界对学校组织化的戏剧性质的看法之影响。有时学校教育的脚本中主要运用组织术语。

学校教育的戏剧可视为组织化的戏剧，涉及个体的教育者、学校的内部组织，以及学校和社区之间的相互关系，包含学校生活中个人的、职业的和机构的三个不同要素之间的紧张状态。要理解学校教育中的戏剧性并不容易，除非了解这三个要素如何定义戏剧的组织环境。为了认识这些要素之间不断变化的相互作用和紧张关系，我们将站在学校之外，脱离学校的"学年"，将自己置身于夏末的一个虚拟社区环境中展开我们的分析。

更大的戏剧语境

想象一下：校长史密斯夫人，学校老师科罗小姐和李先生，和同一所学校的学生比利、玛丽和弗兰克，住在同一个街区。这是暑假的最后一个星期六。比利和玛丽经过史密斯夫人的房子，史密斯夫人穿着休闲裤和旧工作衬衫，头发用彩色头巾包起来，正趴在花园的地上除草。他们向史密斯夫人打招呼，史密斯夫人问他们下午是否去海边。史密斯夫人与丈夫经常和比利的父母一起去海边，比利家就住在大街的另一头。他们三人约定在休憩站附近的海边碰头。

沿着街区再往前走，他们碰到李先生，他穿着褪色的毛边牛仔裤和一件彩色背心，在草坪上割草。李先生看上去有点儿无精打采；从头发上滴下来的汗珠似乎让他肩膀上的紫色胎记更加明显；显然他的草已经长得太高了。孩子们问李先生稍后他是否会去海边，他回答说今天是航空模型协会最后一天的比赛，所以他要带着他的飞机去公园参加比赛。

孩子们在弗兰克家门前停住。弗兰克的父亲是这里教会的牧师。三个孩子准备在弗兰克家的地下室开展他们的童子军工作。

那天下午，三个孩子在海边遇见了史密斯夫人和她的丈夫还有他们的小女儿。不远处科罗小姐和她的男朋友在聊天。玛丽觉得科罗小姐在他们所有的老师里长得最漂亮，但比利认为她太严厉，另外，她的男朋友看上去像个书呆子。

第二天早晨，三个孩子和他们的父母一起去教堂做礼拜。史密斯夫人和她的家人坐在他们前面几排。左手边李先生独自一人坐着，他的太太因带状疱疹住院了。仪式结束后，比利和弗兰克去参加童子军会议。李先生是他们的童子军长官之一。男孩们喜欢李先生，因为他会指导他们的侦察工作。

两周后，三个孩子都开学了。他们很快发现李先生和科罗小姐对他们的态度很正式，好像从来不认识他们一样。他们同时注意到史密斯夫人喜欢时不时到课堂上巡视，而李先生在史密斯夫人面前就像换了个人似的。科罗小姐看上去对比利不再那么严厉了；大部分时间她看上去心不在焉，好像心思飘到了远方。

自我闭合的学校戏剧

上述假想的场景展现的是学校如何将它的脚本强加给表演者。表演者来自于更大的社会戏剧，带着诸多个人问题和社会责任（关心家人疾病、社区安全、娱乐休闲活动、婚姻问题、宗教倾向等）。当他们进入学校，就好像站在学校大楼前与自己的个人生活告别，然后踏进了一个完全不同的生活——校园生活。在这里，可以交流个人生活，但往往仅限于在校园的周边进行交流。一旦处在校内，他们就开始了一种不同的社会生活。对老师和管理人员来说，学校生活受到两个脚本的控制，一个是职业脚本，还有一个是机构脚本。

职业脚本

一旦摆脱头一两年的不安定感，老师就会形成教学的职业意识。这并不一定是刻意为之的专业主义理论，而是通过长期实践经验获得的一系列直觉感知。[1] 他们既学会如何更好地理解他们所教的教材，也对他们所教的孩子以及这些孩子为学习付出的努力有了更多的了解。教授教材（教师们常常会发现其本质上是有趣的）的责任并没有被淡化，但他们会探索各种不同的教学策略，帮助孩子们学习。为此，他们必须与全体学生进行沟通，而不只是和几个对象化的学生——他们对学习内容的理解完全一致，就好像等量的液体被灌进流水线上的瓶子里。了解全体学生之后，教师才能进一步了解是什么影响了注意力、妨碍了学习，孩子们的哪些经历与教材相关，也许最重要的是，知道什么样的学习动机对孩子们起作用。

作为老师，他（她）把工作的焦点放在全体学生身上，专注于和他们一起进行的工作，即理解并运用他们所学的内容。老师会和学生们谈论他们在海边或在童子军的经历，却很少是因为他们真的对那些经历感兴趣（除非老师是童子军团长或家长）；而是希望通过交谈了

---

[1] 关于从业者如何在工作中学习的不错的阐释，见 Donald Schon (1983) *The Reflective Practitioner: How Professionals Think and Act*, New York, Basic Books。 也见 Sergiovanni, T. (1986) "Understanding reflective practice", *Journal of Curriculum and Supervision*, 6, 4, pp. 355—365。

解这些孩子们，以便把课堂学习和那些经历联系起来。

老师的工作是促进学习。作为专业人士，他（她）会根据特殊学习情境的需求，形成诊断性和指令性的直觉，采用适当的教学策略，评估学习是否正在进行，并调整情境以提高学习能力。教师的职业脚本由以下几点构成：（1）关注每个学生独一无二的学习需求和可能性；（2）自主并有根据地判断特定情况下的恰当行为；（3）站在有利于学生的角度，酌情放宽规定或对政策做出解释；（4）将成功学习作为首要的目标，而非其他个人或组织关心的问题；（5）以专业能力为基础的个人权威。[1]

机构脚本

学校并不只是由一个个可供专业人士独立使用的房间组成的办公大楼。学校是组织，通常属于更大的系统化组织（地方学区、州立教育系统等），正如所有的组织那般，或多或少都显示出机构特征。较小的小学往往不那么像机构，而更像家庭，因为规模小，有更多面对面交流的机会，也因为工作任务没有专门化细分。大的中学往往更加机构化，因为缺少普遍的面对面交流的机会，包括老师与老师之间的交流以及老师与管理人员之间的交流，也因为校内有许多专门的二级单位。

然而，所有的学校都有一些机构流程影响到老师的自主权和灵活性。韦伯对科层机构的分类包括：（1）劳动分工和职责的具体分

---

[1] 见 Corwin, R. (1965)"Professional persons in public organizations", *Educational Administration Quarterly*, 1, 3, p. 7。这个概念在老师那里的应用，见 Sergiovanni, T. and Starratt, R. (1988) *Supervision: Human Perspectives*, 4th ed., New York, McGraw-Hill, pp. 64—66。

配；（2）对权威的层次等级的信赖；（3）程序受政策、规定和规则控制；（4）缺乏人情味地统一对待所有人。[1]

机构化大量存在于老师的工作中。学校政策可以决定让一个学生停学，尽管老师认为这样的惩罚弊大于利。处理特别教育的学生的程序，可能强迫老师缩小学生的教育选择。老师们可能被迫使用质量低下的教材，因为它们符合地方政策的规定，主题不存在任何争议。课堂时间被用来收集和宣传有关行政管理的信息，这可能严重影响当天的学习任务。在有些学校，学生可以参加大学指导讲习会或校级运动会而免修一门甚至更多的课程，这令他们的老师感到惊愕。

管理者常常将自己视为专业人员。他们的职责范围远远超出与学生个人或老师个人的关系。他们的职责更多的是维护学校本身的良好运转。他们往往认为学校作为一个集体，有其固有价值，在这里有许多资源投入到大量孩子的教育上。学生的人数规模、学生的年龄和教学任务决定了需要有人负责安全、秩序、协调、计划、调控、指挥、给予总体指导、提供延续性，等等。如果每一个学生都被区别对待，那么谈何公平、公正，更不要提什么空间、时间、人员和金钱的合理分配。许多法律条例和金融法规要求程序的一致性；创意性的消防演习不被允许。因为在校期间有几门必授科目，这就需要对课程时间进行合理、平等地分配。假如很多人在同一屋檐下来回走动，可预测性变得非常必要；否则，人们对将发生什么、接下来去哪里、何时何地完成什么任务都将一无所知。

管理者应该善于处理所有这些组织事务。他们应该对整个学校有全面的看法，了解它的总体目标、利益冲突、基本结构和程序。他们

---

[1] 见 Max Weber (1947) *Theory of Social and Economic Organization*, Henderson, A. and Parsons, T. (Trans), New York, Oxford University Press, pp. 333—336。

的工作包括提出并维护适宜的政策、程序和方案，学校将以此为依据开展教育事业。对管理人员而言，他们的职业脚本与机构脚本有很多重叠之处。正如库班（Cuban）认为的那样，教师在课堂上也有管理任务，尽管有些人会认为这些是带有行政色彩的工作。[1]

运用韦伯对功能理性（functional rationality）和实质理性（substantive rationality）的区分，我们可以看出脚本的相同和不同之处。[2] 功能理性通常与实现目的、目标和愿望的**手段**有关，比如组织专项化、预算、日程表、奖励和处罚，等等。实质理性则往往侧重于工作的意义和目的，以及它在更大的项目中的地位。管理者的机构脚本局限于功能理性的思考，而职业脚本则涵盖功能理性和实质理性的思考。也就是说，专业的管理者即使在制定预算、日程和教学大纲时也始终牢记学校为何存在，学校应该做什么，学校的主要目的是什么。[3]

管理者的机构脚本包括以下几点：(1) 学生和老师应该被一致对待；(2) 在任何情况下政策和规定都一致适用；(3) 因为资源有限，学校必须专注于提高效率，以保证利益最大化；(4) 重要的是全校的成果（提高考试成绩、降低整体逃课率和公物损坏率、实现总体预算平衡）；(5) 需要有大量记录、信息库和信息报告，以便对全校成绩做出评估；(6) 重要的是对学校的忠诚，而不是对个人或团队的忠诚；(7) 权威感来自于更大的管理机构，并以组织的原则和章程为基础。

---

[1] 关于这种重叠的全面分析，见 Larry Cuban (1988) *The Managerial Imperative and the Practice of Leadership in Schools*, Albany, NY, State University of New York Press。

[2] 对于 Weber 著作版本的区别的有益阐述，见 Eisenstadt. S. (1968) *Max Weber: On Charisma and Institution Building*, Chicago, University of Chicago Press, pp. li—lv。

[3] Cuban, *op. cit.*, 对此描述得很好。

如果把老师的职业脚本和学校的机构脚本放到一起,它们潜在的冲突显而易见。从老师的个人层面上来说,一个人的职业脚本和机构脚本之间始终存在着戏剧性矛盾。只要老师还处在传统的作为社会公立机构的学校环境中,这种矛盾就无法解决。对学生的个别关注,无论是教学还是纪律方面,总是受到学校制度的限制。[①]职业倾向性总是使老师希望对某些学生投入更多时间,但进度安排不允许他们这么做。在学校许可的制度基础上做出妥协,是对学校日常工作的注解。专业自主权的丧失是老师与教育机构疏离的根源所在,唯一的解决办法是老师知道如何利用教育机构使孩子们获益,不让学校剥夺他们的专业自主行为。老师们通常对其职业脚本有更深的投入,因此,机构脚本日复一日的干扰令他们颇为不满。

内部组织层面

在个人层面之外,戏剧也在组织中上演。这出戏有关学校是否能够按照它的实质性目标来运转,还是允许由机构脚本来主导它的实质性目标。[②]在每个组织里都有一种趋势,那就是机构脚本本身会走向终结,这也是对这个机构的总体现实所做的定义。

规则不是为常识提供指导,而是在错误地坚持完全统一性的时候压制常识。专门化的二级单位,比如系,可以自行界定它的教学范围,就好像包括了学校教育的全部。各种规划会议上的事务协调工作将过多地耗费老师的精力,虽然避免了突发状况发生,但学科的自主性和完整性也丧失了。

---

① Cuban, ibid., 再次强调了这一基本挑战。

② Cuban, ibid.

组织生活的戏剧是一场斗争，反对死板的同一化、反对压制独特性和个性化、反对将组织化的脚本框死在官僚主义机构的形式里。如果组织要像人一样地活着，服务于人的意志，那么在可预测性和灵活性之间、对新兴需求和机遇进行控制和做出回应之间、在常规和创新之间，都将始终存在矛盾关系。换句话说，组织生活的最佳运行方式是所有人都知道并且遵循脚本——工作顺利完成、准时、符合预算、依照规范、符合人们期望的方式；报告遵照标准格式、按时归档，且准确无误；会议按议程召开，且冲突和争吵实现最小化；每天的例行公事都和谐统一。然而，如此理想的情形在现实中几乎不可能存在。

在学校，这样的理想状况背离了孩子们的常态，他们几乎不可预料、很少守时、难得不出错、很少不处于某种冲突中、很少"在预算内"，也从来不统一。学校努力让他们社会化，努力让他们变得可预测、守时、不出错。但如果这些变成学校唯一的日常工作，那么学校其他的重要目标就无法实现，比如培养创造力、好奇心、自力更生、尊重差异、民主的态度和做法、发明力、冒险精神。因此，组织生活的戏剧中始终存在着机构要求和孩子们学习任务之间的冲突。机构脚本永远也不可能严格到阻碍即兴发挥的程度。

在关于学校的整个脚本中，老师和学生都在不断地即兴表演。因为基因、遗传、家庭背景和先前的教育经历不同，每一个学生都是独一无二的。他们抱着各自不同的意愿、兴趣、动机、关系、态度和情绪，学习目的也各不相同。尽管课程内容相同，但每个人的理解会因为对学习目的的认识不同而有细微差别。孩子们会如何运用学到的知识，如何将其与之前所学知识联系起来，如何把对世界的普遍理解和价值标准与他们所学到的知识进行有机结合，这些都完全不是老师或教科书所能控制的。在这个意义上来说，学生们所学的脚本永远都是个性化的，即使在极端情况下，学校会阻止这样的个性化学习。

标准化考试以及一些老师自己设置的测验中，似乎只有统一的"正确答案"才能得分。另一方面，学习的全部意义在于**个性化**。针对集体的测验必须设法去展现共同的学习内容。然而，这种共享的学习内容的表达，应该假定对该学习内容的个人化占用——这些人为了展示所学的内容，以约定的形式（通过这种形式，知识可以共享）来表达。

当孩子们在课堂的集体学习中学习了更多肤浅的普遍内容、参加了更多标准化考试之后，通常他们的学习会变得萎靡，因为他们所学的东西对他们个人而言没有用，也没有意义。如果学习的内容是懂得诗中的比喻手法，理解某段历史中的政治冲突，深入了解化合物的化学特性，掌握几何学课堂上模型问题的逻辑，那所有这些在考试之后往往都会被遗忘，除非这个学生受到刺激认识到这些对他生活的重要性。

如果学校教育的脚本只是以课程的普遍内容来定义，那么学校教育的组织化的戏剧就只能死气沉沉。学校教育的脚本从来不会提前写就，只有课程和普遍内容的脚本永远不是一个完整的脚本。每个学生运用所学知识，并以某种个性化的形式来表现学习对他和他周围人的生活的意义，以此完成脚本。也就是说，学习并不是把相同的液体倒入瓶子、再把等量的液体从瓶中倒入量杯中加以校准。它更像某种物质进入人的身体，变成人的一部分，就好比膳食中的营养进入血液然后变成身体的一部分，甚至成为生命的一部分，可以与他人分享。换言之，当人们参与各种社会交流时，他们所学到的知识与他们正在写的脚本已经融为一体。这也就是为什么说学校教育的戏剧是戏剧化的教育；社会努力教会年轻人在共同脚本（文化、社会传统、一般道德规范、普遍接受的语言运用等）的总体框架下如何工作,但不会教授在这个脚本中如何即兴发挥创造一个独特的人。在下一章中将继续讨论这一点。

这里要指出的是,作为一个组织上受到限制的戏剧,学校教育的本质在于学校这个组织是否有能力推动一个真实的戏剧,而不是一个完全可预测的、无休止统一的、机械化的表演。用考试中的统一回答来检验所学的普遍知识,并视其为学校教育的全部,是一个悲剧性的错误。它错把半个脚本当成了全部脚本,也可以说是把一个糟糕的脚本错当成了真实的或有潜质的脚本。

同样,老师也在脚本中即兴发挥。可以肯定的是,他们确保课程普遍内容的学习。即使是为了实现这个不大的目标,老师们也投入了很多创新想法。他们无时无刻不在关心学生是否在学习中遇到了障碍。怎样可以启发学生?是动机的原因吗?一般情况下什么可以激发孩子们的积极性?刺激因素本身是否有问题——或许课本的词汇过于抽象?或许木偶戏可以展示这一课的要点?老师们明白学习任务必须对孩子们有意义,因此他们在教科书之外还会加入其他课外资料。如果一个老师拘泥于只有课程大纲和教科书的脚本,那么许多学生——即使不是大多数——都不会学习。"教师认证的"课程体系、教科书、教学方案、评价程序,所有这些都错误地认为学校教育的脚本是可以提前完整写就的。

鼓励孩子们完成学习阶段这一脚本,是一个更为复杂的任务,即兴发挥变得越发重要。老师们必须创造情境来激发、吸引、鼓励学生表述他在与其他学生交流过程中学到的东西。当老师要求三个学生当场创作一个怪诞小说的开头部分时,可能会用到诗歌中的比喻手法。在描述一个人的经历时也可能采用比喻的形式。老师们随身背着一个装满五花八门的"花招的包袱",在特定情境下使用,随时提高学生们的学习能力。通常,好的老师总是不断尝试新的游戏、新的谜题、新的方式，把学习变成一种戏剧性的交流。①

因此，学校教育的组织化的戏剧必须鼓励在课程体系和学校政策给出的一般脚本里进行即兴创作。当学生或老师无法即兴发挥而只能按照脚本给定的角色表演时，他们的表演就会变得呆板、可预测且完全相同。生活离开了戏剧；脚本击败了戏剧；脚本击败了它自身，因为它未能发挥本应发挥的作用，即成长中的年轻人和成人社会之间的交流——通过交流，年轻人学习如何做自己，学习如何跟随社会脚本走向更加丰富的人性体验。这两个中心思想构成了学校教育戏剧性的实质。作为一个组织，学校应当紧紧围绕这两个中心思想。② 而在追求这两个目标的过程中，为了能够发挥适当的灵活性，老师和学生需要一个相对宽松、相互联系又相互影响的环境脚本。脚本中的一部分必须由他们自己来书写，因为这是属于**他们的**脚本，也是属于更大的社会的脚本。

学校和社区的戏剧

学校和社区之间的相互联系为学校教育的组织化的戏剧提供了其他要素。首先，学校在校董会的管辖下运行，校董会反过来又是由社区选出来的一群人组成，代表了他们在孩子教育问题上的利益。校董会在国家制定的法律和指导原则下运行，是建立并维护学校运转的主要法律实体。但还有许多利益集团试图影响学校。这些利益集团包

---

① 关于老师的想象力的方式有一个很好的例子，见 Kenneth Koch (1973) *Rose, Where Did You Get That Red?: Teaching Great Poetry to Children*, New York, Random House。

② 见 Weick, K. (1976) "Educational organizations as loosely coupled systems", *Administrative Science Quarterly*, 21, 2, pp. 1—19。

括汽车制造商、银行和家居用品公司等商业机构，他们试图让学校在课程中纳入各种消费者导向的学习体验。妇女选民联盟（The League of Women Voters）、麋鹿俱乐部（The Elks Club）、美国公民自由联盟（The American Civil Liberties Union）、美国计划生育协会（Planned Parenthood）、防止虐待动物协会（The Society for the Prevention of Cruelty to Animals）、联合国（The United Nations）、反醉驾母亲协会（Mothers Against Drunk Drivers）、塞拉俱乐部（The Sierra Club）、天主教道德联盟（The Legion of Decency），这些仅仅是一部分希望通过学校推广某种观点的团体。除了这些团体之外，还有种族、宗教和族裔团体希望影响孩子们在学校受到的待遇以及所学的内容。政府监管机构，如环境保护署、劳工部、缉毒局和司法部同样影响着学校生活。换句话说，学校本身并不是一个戏。不管是好是坏，大的社会戏剧都在不断地对它进行干扰。

有时，社会戏剧的强度会严重扰乱学校生活。强制在学校废除种族隔离导致种族冲突，有时甚至是校园暴力。最近可卡因的泛滥就是大社会侵入学校生活的又一个例子。另一方面，我们可以看到地方团体表达了自己的立场，并为改善处于分崩离析状态的学校而做出努力。国家为改善学校状况而制定新的法规、投入新的拨款，随之而来的是，国家改革的举措，无论积极还是保守，已在全国启动。

但从我们的角度来看，在个体的学校的层面上，以及在它与当地社区之间的相互关系上，用戏剧做类比是最合适的。正是在这个层面上，家长和孩子们参与到学校戏剧中。也是在这个层面上，学校管理者和工作人员走向社会，并与社区的人们进行面对面的交流，包括发出邀请，请对方参与到学校／社区合作的行动中来，比如为帮助艾滋病儿童而举办徒步马拉松筹款活动；有时是呼吁地方社区负责人帮助学校缓和紧张的种族冲突；有时则是请求有社会资源的专业人士在学校集会上发言。

在学校和当地社区的互相往来中，学校与社会戏剧保持着联系，因为学校正是在为社会培养年轻人。如果社区发生种族问题，学校可以积极应对学校里的这些问题，通过比较音乐和家庭模式等文化表达方式，分析脚本的各个方面，探讨社区戏剧展现的内容（如种族隔离的住房模式、就业机会等）。如果社区中正在就环境问题进行争论，那么学校就可以将此作为学习科学和政治分析的实例。如果社区和学校之间发生冲突（例如生物学教科书上的过度进化理论），那么就使人们注意到教育中的特殊领域，并对赖以理解世界的科学和宗教脚本产生疑问。

为了使戏剧化的学校教育发挥作用，学校必须关注社区生活中所发生的戏剧。如果把外部社会当作不存在似的来运营学校，那么这个"戏剧的学校"看起来并不真实。老师们不仅需要从社区中获取实例，如勇敢行为的例子、工作中推进民主的例子，等等，同时应指出社会戏剧的这些部分通常对身处其中的人们不会发生任何作用。换句话说，学校可以让年轻人做好准备参与到这个社会戏剧中，使其成为更加人性化的相互支持的环境。戏剧化的学校教育如果完全离开大的社会戏剧，注定会失败。学校里上演的戏剧不能脱离它所在社区的戏剧。

要点重述

学校教育的戏剧性可以被看作具有其内在属性，即将个人分配到某个情境中，在这个情境中，组织内部和组织间发生着动态变化，并且承载着维持、促进人类社会戏剧发展的重担。考虑到每一个人都有在他们的脚本的限制下创造自主个性的需要，而学校需要认识到它肩负着促进共同利益的更大脚本的责任,那么这两者的需求能否协调?除此之外,是否能够认识到戏剧本身是人类创造的产物,其宗旨是服务于人类意志;是否能够认识到青少年教育中的一个重要组成部分是学习如何在这个尚未完成的脚本中,通过即兴发挥,维持并推进人类戏剧?

第五章　学校教育的戏剧性：人的塑造

学校帮助塑造社会戏剧中的人。当然在人的塑造过程中，学校并不是参与其中的唯一的机构，但传统上认为这是学校的根本宗旨。

"character"（个性，性格）是教育者和父母经常讨论的一个词。当然，性格带有文化上的细微差异；在普鲁士军事学校里，这个词的意思和在佛教寺庙里表达的意思就有所不同。在西方，这个词最通俗的意思与荣誉、勇敢、毅力、原则性行为等品质有关。[1] 一个性格

---

[1] 有关道德品质培养的教育类论文集，其中较好的见 Kevin Ryan and George McLean (Eds) (1987) *Character Development in Schools and Beyond*, New York, Praeger。关于更具争议的观点，见 Edward Wynne 的著作 *Character Policy*, Washington, DC, University Press of America。

坚强的人，是一个可以承受困难、抵制诱惑，可以不屈不挠地面对阻碍，可以将原则置于个人舒适和享乐之上的人。而性格软弱的人，正相反，是一个轻易向压力或阻碍低头，偷懒走捷径，为了享乐而无视责任的人。

"character"一词的另一重含义，更接近于我们在本章中要展开论述的意思，指具有一定程度个性的人。当一个人从人群中站出来，不按照预期的方案行事，并用夸张的姿势来吸引人们关注到他与众不同的特点，这时人们会说"这是一个真正的人物"。通常，这样的表述传递的意思要么是一定程度上对这种招摇的个性感到反感，要么是对这种藐视无意义形式的个性表示羡慕。

有时，"character"这个词用来表示一种社会角色或类型。人们有时会说，"他是个讨人喜欢的人"，意思是，他们碰到一个只有点头之交的人，他们并不认识，也不想认识这人，而这人礼貌友善，没有恶意，但并不特别有趣。他只是情境中的一个背景角色，对这个戏而言是偶然的存在。

学校对人的塑造和培养涵盖了"character"这个词上述所有的意思。而本章关注的焦点是一个独特的人的形成，这个人知道如何在社会戏剧中表演并且寻求意义。塑造一个人，既包括学校面对的挑战，即试图让年轻人了解基本的社会习俗、理解社会戏剧，也包括鼓励年轻人去思考他想成为一个什么样的人。换句话说，学校必须使年轻人能够创造自我，同时学习那些可以在社会生活中隐藏自己、保护自己或表达自我的普遍方法。矛盾的是，即便学校未能完成这个极其艰巨的任务，学生通常也能成为一个独特的人，尽管并不完美，还要付出痛苦的代价。

表演者的家庭社会化

孩子们在进入学校时,已经是受过训练的表演者。在家庭中,他们学习了如何适应家庭生活的戏剧。他们学习了各种脚本:工作的、性别的、健康的、受过的、宗教的,甚至是基本的经济和政治脚本。通过观察和反复尝试,他们掌握了身份和角色的线索:如何讨好奶奶,如何与邮递员交谈,在教堂应该如何穿着、如何交叠双手,有客人在场的情况下在餐桌上如何表现。

孩子们已经学会了在社会戏剧中如何表演,因为正是在社会戏剧中,一个孩子生命中最重要的最根本的要素在形成——自我意识。如前所述,人类最基本的欲望和本能便是自我意识,人类所有形式的发展也都是围绕自我意识展开的。[1] 通常情况下,一个婴儿会发现自己完全被母亲拥抱在怀中。母亲给予他食物、温暖、安全和愉悦。婴儿感受到自己是受关注、受喜爱的对象。虽然不理解,但婴儿可以体验到一种终极价值感。随着孩子形成主体的"我"(作为表演者)和客体的"我"(作为被动接受者)的概念,他开始寻求自由且自然地探索并表达自我。在这个探索、表达的尝试的过程中,孩子逐渐遭到来自母亲的阻挠,她威胁说,如果他不克制某些行为,并且按照她的要求去做,那么她就不再认可这个孩子。孩子一想到将与他的生命之源、他无所不能的母亲分离就感到焦虑。为了减轻这种焦虑,孩子学会为了取悦母亲而克制自己的本能行为。在日复一日的尝试与失败中,孩子对于什么可以做、什么不可以做逐渐了如指掌,并且这种了解越来越受到语言和符号的影响。同样,即使不能理解所发生的情况,为了得到母亲的认同,孩子们也会逐渐学会克制自己的本能行为。

---

[1] Becker, E. (1971) *The Birth and Death of Meaning*, New York, The Free Press.

随着时间的流逝,孩子们将知道自己对其他成年人的讨好和迎合同样会换来他们对自己的认可。这就是所谓的"社会化",也就是一个孩子逐渐被打磨成遵循当下成人社会的规范、习俗、传统和礼节的人。

一个孩子进入学校时,他的身上或多或少会保留着"完整的自我"状态。这种"完整的自我"可能很微小,也可能在少数情况下还保留着大部分的"完整的自我",这取决于他的社会化程度。社会化是一个以成人社会的要求取代自我的过程。这个过程迫使每一个孩子都必须面对这样的问题:我将从何处获得我的自我意识?它来自于我自身,需要以我自己的能力去做、去创造吗?还是源于他人对我的认可,因为我做了他们想让我做的事?甚至在母子关系中,也会有一段漫长的、有时甚至永无止境的斗争——一方面,孩子希望维护自己的意志;另一方面,母亲试图强迫孩子去做所谓"对的事""可被接受的事",以免他变得顽皮、无礼或卑鄙。

这个出现在学校的"我",或多或少是一个社会化的"我"。也就是说,这个"人"部分地被他的家庭和所处社区所塑造。孩子已学会表演。当表演的脚本被内化时,这个"人"就会被看作是正常的。但在正常状态下,表演应该是自发的、非反射性的反应,所以这个"人"并不真实。这不是一个独一无二的人的自由表达,相反,这是神经官能症(neurosis)的一种表现,是自我取代的一种形式。

这是社会化的悖论—— 最早参与到社会戏剧中的人被抑制了个性,被剥夺了自力更生的能力,自我意识也被控制在他人手中。社会化具有文化性。也就是说,社会化来自于文化中的规范、习俗、传统和象征价值。适应某种文化意味着或多或少要接受他人对于对与错、好与坏、美与丑、成功与失败、荣誉与耻辱的定义,并将这些定义应用于自身。

在寻求自我意识的表面之下,其实是无法用语言表述,但却无比坚定的对自我价值的追求。这种追求受到某种深刻的认知的驱使：人的生命并非一场意外，并非人类进化的进程中毫无意义的片段。寻求自我意识是对世界上主要的价值主体的探求。[1] 孩子们需要知道的不仅仅是他们属于这个或那个群体、家庭或部族，他们想要了解自己应该或可以做出哪些特别的贡献。这样的追求从根本上说是一个人对书写其英雄故事的追求。孩子们可能会幻想自己创造出非凡的英雄事迹，但他们要接受的是现实生活中的英勇行为并没有那么多。他们只需要成为一个人。

成为"一个人"是相对的，它建立在一个有意义的行为和语言体系中。成为"一个人"是文化性的建设，因此，要在文化中学习。但做一个英雄的努力过程可能是极度自恋的，必须不断地将自己的认知与他人的赞誉进行比较。击球率的一个点，年级平均成绩的百分之一，比对手多一个童子军徽章，这些看起来无关紧要的碎片化的象征性奖励和判定体系，对于一个人建立自我价值却是极其重要的。

文化提供规则、提示信息、习俗和差异，使人们可以保护自我意识，并且寻求英雄主义的满足感。文化赋予成功、卓越、价值以含义。在文化中，亚文化的存在，比如青少年中的亚文化，又进一步强化了这些规则和差异性。在一些文化中，反文化团体对成功、卓越和价值重新做了定义。街头帮派、摩托帮、种族俱乐部和乡村俱乐部都用自己的"英雄的"方式将他们与大众文化和流行文化区分开来。

初入校的年轻人的性格已部分形成。但在学校，必须进一步提高社会化程度。孩子们必须学会在温暖而熟悉的家庭氛围之外接纳其他

---

[1] *Ibid.*, p. 76.

陌生的大人和许多完全陌生的孩子。他们必须掌握新的规则、新的任务、对成功的新的定义、新的奖惩制度——实际上也就是新的文化。

对学校来说，必须决定对这些不设防的、具有可塑性的孩子做些什么。它想要实现绝对的一致性吗？那么它就会创造一种氛围，在这里，答案只分对与错，表现只分好或坏，直接褒奖对的答案、好的表现，惩罚错的答案、坏的表现。换句话说，这个学校的脚本里不允许解释，不允许即兴发挥，也不允许偏差。学校塑造的"人"是在一个可能完全受控制的社会戏剧中；这些"人"没有自己的个性，这些"人"的英雄主义仅仅因为对的答案或好的表现而受到外部奖励而满足。孩子们是否允许学校以这样的方式控制自己则是另外一回事。不少人被迫抵制学校对他们的控制，而这恰恰培养了他们健全的个性。然而，如果孩子们在家接受的社会化告诉他们要尊敬并服从权威，那么学校就会更容易地使孩子们毫无异议地表示服从。

有的学校可能会在塑造人的过程中寻求更多折中的办法。一方面要求遵守规则、传统和习俗，另一方面也鼓励自我表达和自我发展，两者之间实现相互平衡。但这样的自我表达可能会被认为并非是为参与社会戏剧做的准备，而只是被简单地看作是一个人自我实现的重要部分。换言之，创造性的自我表达可能会被认为是合理的消遣，以充实内在的自我，而非为了公共生活。在这个舞台上，需要严格遵守可接受的行为的文化形式。

最后，我们可以设想一下，有些学校愿意接受挑战，以期塑造将自我表达、自我发展融入社会生活的公共议程中的人。在这样的学校里，学生们学习习俗、惯例和理解世界的普遍方式。同时，学校也鼓励他们用自己的方式参与公共生活，按自己的见解去满足社会的要求。

在公共生活中做一个真实的人是一件颇为复杂的事。小孩子会用对他们而言合适的方式去尝试，而大一点儿的孩子和青年们则会采用不同的方式。皮亚杰（Piaget）①、柯尔伯格（Kohlberg）②、埃里克森（Erickson）③ 和其他学者描绘了儿童和青少年在走向成熟的过程中所经历的发展阶段。每一个阶段都有相对不同的方式来回应世界、提出每一阶段的基本问题和任务。如果学校要培养的是将自我表达融入公共生活的普遍脚本中的人，那么就必须认识到在青少年的各个成长阶段中，实现这种融入的可能性和所受的局限性。

个人的自我表达

为了进一步展开我们的分析，现在我们将重点放在那些发表自我意见的人身上，看看他们的性格是如何形成的。除了教授普遍接受的语言惯例、事物被赋予的定义以及对世界的传统理解方式，学校还可以投入必要的时间鼓励年轻人用自己的语言和想象来描述他们的经历和意图。书面或口头的报告，除了可以作为年轻人掌握语言的方法，还可以包括更多对年轻人的个人世界的关注。这种鼓励让年轻人可以畅所欲言地提出自己的看法和认知，也使他们能够对自己的看法做出评价。孩子们需要一个平台来说出他们眼里的真理，并得到相应的重视。当他们试图传达这个真理对他们的意义时，他们必然要用到通俗易理解的语言和视觉符号。

在孩子们生活中发生的常见问题、困境和危机（打翻一瓶牛奶，

---

① Piaget, J. (1970) *The Science of Education and the Psychology of the Child*, New York, Orion Press; (1948) *The Moral Judgment of the Child*, Glencoe, IL, The Free Press.

② Kohlberg, L. (1970) "Stages of moral development as a basis for moral education", in Beck, C. and Sullivan, E. (Eds) *Moral Education*, Toronto, University of Toronto Press.

③ Erickson, E. (1950) *Childhood and Society*, New York, W. W. Norton.

在学校操场上打架，被起外号，与父母意见不合，违反学校的规定被勒令退学）会成为学习社会脚本中的社会习俗的契机，同时也是学习用自己的方式使社会脚本为自己所用的契机。老师可以制止孩子们的行为，将群体的注意力集中到所发生的事件上，并组织他们对问题发表自己的看法。这可能有助于排练场景，让学生以不同的方式表演场景，以此解决问题、避免危机。这种相对简单的课堂干预帮助年轻人了解自己的内心感受、思考他们想成为怎样的人、他们想从一个特定的情境中得到什么，然后开始思考随之发生的后果、判断他们的行为是否值得。经验会让他们知道，他们有权用不同的方式来表现，他们可以用一种方法在表达自我的同时也符合社会的要求。

表达角色的即兴创作

大多数时候，我们并没有意识到我们在扮演一个角色，说着文化写就的台词。我们以为自己在做真实的自己。然而，我们常常会就情境做出程式化的反应；我们会在相似的情境下重复我们父母的台词；我们模仿我们所欣赏的人（通常是电影和电视明星）的行为方式；我们说着我们认为情境所要求的话，或者能给他人留下好印象的话。我们在做这些事的时候以为是自发行为，但实际上我们只是在重复在其他场合学到的措辞和姿势。这样做是一种省力的方法，省去了我们很多麻烦，不需要考虑每个情境的特别之处，不需要注意每个人的独特性，也不需要对日常生活中发现的特殊情况做出评论。我们按照一般的类别将情境、人物、事件进行分类，并做出适当的普遍性反应，然后继续做我们自己的事。

去认识我们遇到的人和偶然事件需要投入更多的精力和专注力，对那些我们遇见的人和真实发生在我们身上的事做出回应，需要花时间关注他们的独特性。这需要我们敞开自己的内心,让这些人与事走近我们、接触我们,我们在了解之后**再**做出回应。这样的回应才能更加真实,也更个人化。我们运用语言和姿势的惯例做出回应,必须以我们独一无二的方式表达自我,即使需要绞尽脑汁地搜寻合适的词来表达我们的观点。在这个意义上,即兴创作意味着一种诚实的、自我启发式的创造性交流。

奇怪的是,那些老一套的回应使我们真实的个性无法被了解或展现。而当我们不得不用新的台词来表达真实的感受的时候,我们的基本个性才更多地显露出来。如果我们经常这么做,我们将了解"character"(个性,性格)这个词的道德意义,因为现在我们的话语和手势是诚实的。苏格拉底的名言"认识你自己"(Know thyself),过去往往放在表述美德和品质的开头处,而现在有了它的意思。要做一个真实的人,我们必须了解自己。我们必须为自己是谁感到自在,以我们自身的立足点来讲话。通常,当我们所说的台词与我们自身相冲突时,通过对照,我们了解那个立足点在哪里。我们会说,"那不是我""我那样做的时候,我不认为那是我自己"。

成为一个人,需要创造性地认识事件和人的独特性,以及我们对它们的自发性反应。人们可以像我们了解自己一样了解我们,只要我们可以即兴创造词汇和姿势来表达真实的自我,同时也揭示某些**它们**的真相。在某种意义上,我们在说"我们是谁"中创造了自我;有时我们通过温柔地接纳他人脆弱的美好来表达"我们是谁"。我们欣赏他人,并把这种欣赏反馈给对方,在反馈的过程中我们展现了自己。我们发挥创造力,即兴创作只属于我们自己的独一无二的台词赋予我们的角色以形式和实质。这些台词所揭示的真理总是指向两个方向;因此,人的个性总是在相互关系中显现出来。

在特长和兴趣中表达自我

大多数年轻人都有一个或多个特别的爱好和兴趣。这些兴趣往往是让年轻人成为一个人的特别的方式。通常,他们会设法了解与这一兴趣相关的全部知识,无论是集邮、打篮球还是蝶泳。在这个精通的过程中,他们培养了能力;他们相信自己可以把一件事做好;在这个特别的领域,他是一个特别的存在。

通常,这些兴趣爱好和学校发生的事有关。学校通过对这些特别兴趣中展现的专长的赞赏,来培养孩子们的掌控感,这对他们成为独立的人至关重要。随着一个人年龄的增长,新的兴趣会取代原来的兴趣,但兴趣中的特殊才能的培养永远都需要赏识的目光。

成为社会戏剧中的人

在个人化的自我表达之外,年轻人需要学习如何在社会戏剧中将内在的自我表达和公开的自我表达结合起来。传统的学校学习,多以掌握理解和融入世界的普遍方式为重点。在这个意义上讲,学校教授的是"事物运转的原理"的概念。[①] 这些概念构成了普遍的假定性理解——这种理解构成了社会戏剧行为的文化景观和舞台呈现。也就是说,它们构成了戏剧行动的意义体系。在某种程度上,这些意义掌控整场戏,缺了它们,脚本也就变得毫无意义。如果文化意义体系缺失,那么一个人就既不能说自己的台词,又无法理解其他演员的台词。意义体系定义了人对自己的认知,了解了自己作为一个人的权利和责

---

① 见这本令人愉悦的有启发性的书: David Macaulay (1988) *The Way Things Work*, Boston, Houghton Mifflin Company。

任，了解其承担的公众任务具有这样或那样的意义，了解他的工作涉及一系列专门技术，需要以特定方式来展开工作。

学校倾向于在教学时将这个意义世界视为一个既定的、本质上稳定不变的世界。重力、能量、光线，或者金钱和政治制度，都是以**这样的方式**运行着。社会戏剧因此成为在这些不变的风景中或围绕着这些风景发生的活动。

但学校也会告诉年轻人，这个意义世界是人类为理解世界而构想的概念或体系。这些概念帮助人类在推动社会和自然相互和谐的前提下实现自我管理。学校可以对年轻人进一步进行社会化教育，使他们符合社会习俗，强化这些习俗的文化意义体系。但这种社会化无须过于自信、过于教条主义。学校也会向年轻人指出在社会戏剧中每一个人——包括年轻人自己——的责任，去创造、探索或修复可能的应对方式，让社会变得更好。

社会戏剧**涉及**人类作为社会中的一员寻找更好的方式理解并投入到公共自治中去。社会戏剧可以被看作是人类的构建，是人类试图寻求个人和集体实现的文化构建。因此，社会戏剧具有自我反思性，意图明确，且富有创造力。

从这个角度讲，在社会戏剧中扮演一个真实的角色是参与社会戏剧的唯一方式。社会戏剧及社会习俗允许人们创造自己的角色。但这个角色的创造不能以牺牲其他角色为代价，不能欺骗或操纵他人。这个角色的创造必须给社会戏剧带来新的意义，无论是在个人的小舞台上，还是在社会历史的大舞台上。

从这个角度参与社会戏剧，使每一个角色可以以真正的英雄般的方式来表现，并追求英雄般的成就（而不是那种附加在常规行为上的由外界对其进行定义的伪英雄主义）。人们不仅可以成为那个他们心底里想成为的人，而且通过做这样一个独一无二的人，他还将为社会戏剧带来全新的生命、全新的意义。此外，参与到社会戏剧中将唤起全社会共同的追求，创造一个尽可能让每一个人都满意的戏剧。探索新的社会公约、更好的戏剧形式和更积极的文化意义体系，这是每个人共同的责任。这个共同的责任使英雄的品质逐渐渗入社会戏剧中。

以这种方式进行学校教育，意味着培养真正的人，不仅掌握社会戏剧的文化习俗，还能探索这些习俗背后的意义体系的局限性和可能性。显然，这种探索会考虑到年轻人的发展局限性。但套用杰罗姆·布鲁纳（Jerome Bruner）[①]的话，如果知识是以孩子们熟悉的方式呈现，那么教授给孩子们任何知识都具有可能性。在年轻人中培养真实性意味着教给他们如何将传统的意义变成他们自己的意义，或者在他们的经历中改变它们，直至可以在社会戏剧中为了自己和他人，建设性地运用这些传统习俗。人的培养意味着，学校要教授完全掌握某种知识的能力，包括了解这种知识的局限。这种能力使人参与到社会戏剧中，并且在需要时运用在社会戏剧中掌握的知识，有意识地进行即兴发挥。

从这个框架来看，学校教育这一戏剧作为社会戏剧的教育，再一次呈现了新的深度。假如社会戏剧本身是一项伟大的英雄事业，那么扮演一个真实的角色就是英雄主义最真实的形式，那么，在这个层面上，教育年轻人投入到社会戏剧中就成了参与社会戏剧的英勇行为。

---

① 杰罗姆·布鲁纳，美国教育心理学家、认知心理学家，主要著作有《有意义的行为》《论认识》等。——译注

第六章　学校教育的戏剧性：国民的塑造

一份广受传播的报告《危机中的国家》(A Nation at Risk)发出警告：如果外国势力想要削弱我们的国家、让它轻易屈服于外国统治，那么在过去几年中没有比我们的学校做得更好的了。[①] 报告指出，在文化素养、数学和科学方面的学术成果正在减少，而这些正是美国保持其在世界经济中的竞争优势的必要因素。这篇报告在很多方面都存在缺陷（荒谬地使用不断下滑的成果数据来为美国企业数十年来糟糕的商业决策开脱；过于简单地将学校教育和美国企业的独家利益联

---

① The National Commission on Excellence in Education (1983) *A Nation At Risk: The Imperative for Educational Reform*, Washington, DC, United States Department of Education.

系起来,等等),但它主要的缺点在于完全忽视了学校在培养政治素养、政治想象力和政治意愿方面的责任。报告的作者只是简单地表达了当时的执政党的政治观点,将经济竞争和经济生产力视为核心的政治问题。①

有充分的证据表明,要解决国家发展的疲软问题不在于学校如何更高效地为21世纪培养只管经营业务而无视他们的商业决策是否会带来政治、社会和环境后果的盲目的工作者。这份报告只是在本已错误的教育政策上提出了更多疯狂的、歇斯底里的要求。一位权威人士打趣说:"这就好比要求一个游不了一百米的人去游两百米。"有人可能会补充说,产生这种批评的基础已经改变;在一个相互依赖度越来越高且危机重重的世界里,游泳者之间的竞争不再是一个恰当的比喻。

而问题恰恰相反。罗伯特·贝拉和他的同事们总结得很好:

> 有一种普遍的感觉,即这个时代的希望正从我们身边悄悄溜走。启蒙运动和解放运动将我们从迷信和暴政中解放出来,但也把20世纪带入了史无前例的意识形态的狂热和政治压迫的极端状态。开启了大自然宝库的科学,同时也给了我们破坏地球上一切生命的能力。当"进步"这个

---

① 这份报告的作者很难被告知,这种失败已经渗透了几代教育者和政府官员的思想和政策。有关此类失败的批评,可参阅以下作者: Pratte, R. (1988) *The Civic Imperative: Examining the Need for Civic Education*, New York, Teachers College Press; Finklestein, B. (1985) "Thinking publicly about civic learning: An agenda for education reform in the '80s", in Jones, A. (Ed.) *Civic Learning for Teachers: Capstone for Educational Reform*, Ann Arbor, MI, Prakken Publications, pp. 13—24; Giroux, H. (1984) "Public philosophy and the crisis in education", *Harvard Educational Review*, 54, 2, pp. 186—194; Becker, E. (1967) *Beyond Alienation: A Philosophy of Education for the Crisis of Democracy*, New York, George Braziller。

现代社会的主题似乎在不断滑向无底深渊的时候，它变得不再具有吸引力。①

他们的研究表明，当代美国人正在远离公众生活，并因职场要求不断增加却无法带来相应的成就感而感到绝望。这项研究揭示了工作与个人世界在精神层面上的分离——在个人世界里，人们可以自由追求自我实现。他们认为，真正的问题不在于经济，甚至不是政治方面的问题；从根本上说是精神层面的问题，与人类奋斗的根本意义有关。②假如脱离人类奋斗的根本意义，政治和经济就会逐渐堕入政治宣传和麦迪逊大道③制造的虚幻中。最重要的是，这些意义将个人奋斗与社会，与社会的自我感，与共同利益联系在一起，这种共同利益同时支持个人实现的总的水平。

做一个国家的公民意味着不仅要知道政府中的主要的职位名称和选举投票的规则，也要理解在政治和管理条约中把人民凝聚在一起的意义网络，它包含非常基本的现实问题，其中比较重要的比如公民权和人权，妇女、老人和身心残障者的权利，对权威的本质和来源的认知，婚姻传统，孩子们的教育，财产的所有权和继承权。这就是为什么在制定《独立宣言》《宪法》《权利法案》的时候，美利坚合众国的缔造者们会不遗余力地阐述这些法令、条例的基本意义和价值。正是在这些法令、条例的基础之上，国家得以建设，公民行为得以规范，

---

① Bellah, R., Madsen, R., Sullivan, W., Swidler, A., and Tipton, S., (1985) *Habits of the Heart: Individualism and Commitment in American Life*, New York, Harper and Row, p. 277.

② *Ibid.*, p. 295.

③ 麦迪逊大道，美国纽约曼哈顿的一条著名大街，许多广告公司的总部都集中在这里，因此这条街逐渐指代美国广告业。——译注

并且绘制了一幅国家未来的蓝图。诸如"我们,人民……"和"我们坚持这些真理……"之类的短语指的就是这类基本共识,以及受到情感和观点共同影响的意识。[1] 如果学校的公民教育中缺少对构成前文提到的实质的认知和契约精神的培养,那么这样的公民教育显然是不够的。反之,如果公共生活的教育所培养的价值观和信念会削弱这些基本认识和契约精神,那么这个国家就真的处在危机之中了。

愤世嫉俗者的控诉:学校教育的乌托邦性质

当然,最简单的方式是和那些愤世嫉俗者站在一边,他们声称这一切在之前都曾被提出过。但这样做毫无用处。乔治·康茨(George Counts)曾提出:"学校敢不敢建立一个新的社会秩序?"这在历史上一度受到嘲笑。柏拉图的《理想国》尽管被奉为哲学的经典之作来研读,但从未被认真对待。教育工作者仍旧在讨论公民教育问题[2],尽管严肃的政治学者不再重视"公民"的概念。[3] 他们倾向于从权力、精英阶层、意识形态、组织和技术的角度来看待政治。随着公民身份被视为一种主观选择、一种自由意志的体现,公民在政治思想家眼中更多地被看作是受人控制和操纵的存在。政治社会化取

---

[1] 塞缪尔·亨廷顿表明,美国《宪法》和《权利法案》的基础是起源于英国都铎王朝及中世纪的英国古代自然法传统,而不是起源于权威和公法在现代英国和欧洲的合理化。见 Huntington, S. (1966) "Political modernization: America vs. Europe", *World Politics*, 18, 3, pp. 378—414。

[2] 见 Wynne, E. (1982) "Citizenship education: The state of the art", in Wynne, E. (Ed.) *Character Policy*, Washington, DC, University Press of America, pp. 77—78; 也见 Pratte, R. (1988) *op. cit*。

[3] 见 Herman van Gunsteren 的研究文章(1978)"Notes on a theory of citizenship", in Birnbaum, P., Lively, J. and Parry, G., (Eds) *Democracy, Consensus and Social Contract*, Beverly Hills, CA, Sage Publications, pp. 9—35。

代了政治教育。通过社会化,社会秩序的基本规范被人们内化。投票选举变成对国家产生政治影响的唯一方式。民主成为维持秩序的方式,而不是创造一种理性政治以实现人民自治。[①]

这种愤世嫉俗的观点并不完全与事实相符,尽管它是对天真的乐观主义的一种有益的纠正。然而,正如罗伯特·贝拉和其他人所指出的,越来越多的人选择不参与公民生活,美国公共生活的危机将继续扩大。如果这个危机得不到解决,民主可能就会变成一个过时的概念。可以肯定的是,学校不敢建立一个新的社会秩序,也无法只靠自身来解决这个危机,甚至可能都不是重建民主的主力军。民主社会的逐步恢复和发展需要社会众多机构的共同努力。当然,学校一定是其中之一。

假如公共生活真的是一场戏,我们也相信它确实是,而这场戏本身又确实存在问题,那么脚本就必须重写。学校不会重写脚本,但学校可以按照戏剧的基本要求和关于未来的基本观点,来训练未来戏剧中的演员。如果公共戏剧中的危机超过了人类奋斗的意义和价值,那么学校——这个一直以来被视为在年轻人中灌输社会脆弱地始终坚持着意义的机构——理所当然地成为教育年轻人如何处理戏剧中的这类危机的地方。学校履行着自己的职能,让年轻人意识到自己是一个国民。

是什么塑造了一个国民?

随着时间的流逝,一个人变成一个国民。每个"人"通过特定的环境,成为一个国民,这构成了其历史。法国人是国民,以色列人是国民,巴勒斯坦人是国民。每一个国家的国民持有的不同观点都源自

---

① *Ibid.*, pp. 18—21.

于他们的历史，并且构成了他们独特的国民性格的一部分。美利坚国民的形成历史可追溯至早期的欧洲殖民者，他们为了寻求宗教信仰自由来到新大陆，之后建立起反对王权的松散联合的国家，在争议中成立联邦政府，国家的权威和联邦政府的权威之间始终关系紧张（在内战中加剧），再后来在两次世界大战中与西方其他民主国家一起参与到更多的国际事务中，直到今天世界大国力量重新调整。在这段历史中，有几乎从未间断的新种族移民涌入，有向西部扩张的西进运动，有各种各样的解放运动——妇女、奴隶、工人、黑人、同性恋、老年群体、拉美裔、美国原住民，等等，正是经过所有的这些历史，美国国民才得以形成。商业、工业、科技、媒体和艺术都在国民的发展历史中发挥了作用，大学、政党、工会、慈善机构、宗教团体和许多富有魅力的个人也同样发挥了作用。

历经时间长河，在那段历史里会形成一个核心的信仰和价值观，这种价值观往往与民族的集体意识交织在一起，包括事业心、正义、法律面前人人平等、言论自由、集会自由、宗教自由。在分裂或危机时期，这些价值观是团结的源泉，因为它们是人们付出了巨大代价奋斗争取来的基本价值观。

一个国家的国民因共同的文化而联合在一起。美国国民由多元的亚文化群构成，因而文化也较松散；而在英国和法国，他们的国民对文化的认识更具统一性。文化由风俗习惯、英雄和小人的故事、高雅文化和大众文化、传统、艺术形式、说话方式、神话故事等构成。但文化从来不是一成不变的，它始终处在创造、再创造、破坏、改变的过程中，因为在任何一个社会中人们都在努力创造意义，以解释他们在生活这个戏剧中的经历。

国民也可能是一种政治形态，以一种政治单位的形式组织起来，这个单位可能是乡村、城市、州或者国家。我们这里用到的"国民"

这个术语指的是国家层面的。近现代学者指出，一个现代民族－国家如果要保持稳定，必须发展四种能力，分别是：(1)内部政治**整合**——超越血缘和亲属关系的一种社会凝聚力，与国家认同相关联；(2)外部**和解**——通过谈判和妥协，在与其他国家交往时维护共同的稳定和安全；(3)**参与**——全民或者其中相当大一部分人能够参与公共政策的制定和管理结构的改革；(4)**分配**——通过分配，经济和社会结构定期对社会产品和物资的分配需求做出回应。①

当具备上述条件时，一个个体的人可以成长为一个国民。换句话说，公共生活的戏剧涉及人民的社会和文化认同感、政治参与的形式和实质、公共物资分配的方式以及与他人建立的关系。在必须做出重要的政治决定时，国家认同是至关重要的，因为国家政策必须以人民的利益为基础，而不是基于个人利益或某个小团体的利益。我们可能希望保留我们所有的收入，但同时也认识到，为了维护道路、医院、大学和公园，我们必须支付分摊的费用。在战争时期，年轻人在对国家认同感的号召下应征入伍。

同样地，社会产品和物资的分配使人民意识到每个人得到的是相对公平的待遇，无论是进入学校、博物馆、医院和公园的权利，用于吃住的金钱，还是得到工作或住房的机会，等等。如果人们相信国家是致力于满足所有人的需求，而不是以大部分人的劳动来满足小部分人的利益，那么他们就会支持国家的法律，致力于认真完成日常工作。

另外，如果人民享有更多参与政治生活的机会，那么他们会把国家视为他们意志的表达，也可以更加理直气壮地说："这是我的国家。"最后，一个国民需要了解其在世界各国国民大家庭中扮演的角

---

① Almond, G. (1963) "Political Systems and Political Change", *American Behavioral Scientist*, 6, 6, pp. 3—10.

色，包括那些被视为敌人的国民。一个国民不能是孤立的国民，特别是在20世纪。每个国家都需要为国际舆论、全球的生态需求以及世界经济的合理平衡做出调和。

国民的认同感和完整性不仅源于它的过去，也来自它理想化的未来。也就是说，国民真实地面对其过去取得的成就和过去许下的承诺，然后参与到它当前所处时代的戏剧中。人们通过参与历史的戏剧，不仅认识到他们是谁，同时也了解到他们可能成为谁。行动的完整性则是指忠于他们的传统，也忠于他们的梦想。

国民形成政体，将非暴力方式制度化，以解决冲突、主张权利、解释并应用土地法和社区法。许多舞台都上演着公共戏剧：

- 州和国家的立法会，讨论关于保护环境、援助农民、应对药物滥用、核武器等问题；
- 社区中，集体讨论区域划分、社区学校、交通信号灯的设立、打击毒品走私等问题；
- 商场上，人们做出投资决定，开发新产品，关闭工厂并解雇六百名工人等；
- 在服务机构，例如福利办公室里，一名社工正在尽力为一对无家可归的母子安排临时住所，或者假释裁决委员会正在决定是否假释一名犯人，或者咨询中心里的家庭顾问正在倾听一对夫妻诉说他们的问题。

在所有这些场景中，有些场景较之其他场景似乎会产生更大的社会影响力。国民正在创造历史，属于他们自己的历史。国民正处于自我管理的进程中。在这个过程中，他们决定是追求更高的共同利益，还是只追逐个人利益。在做决定时，他们或牢记他们是一个国民，要对彼此负责任，或拒绝承认他们是国民，而选择只关心自己。这就是社会生活中公共戏剧的本质。所有这些行为都发生在政治、经济和文化机构设定的脚本情境中，至少在交流的总体规则上是这样。在一个民主政体中，这些脚本应该随时可以协商、调整，在对提出的问题做出更加人性化的回应时，可以灵活地进行即兴发挥，必须始终考虑到更大群体的利益。表演者完全受制于脚本吗？他们是否可以改写脚本使其更加人性化？当每个人在扮演他或她自己的角色时，是否意识到自己在为人民说话，而他或她自身就是人民的一个缩影？

当满怀希望地论及处于国民意识进程中的人民时，重要的是要认识到，国民之间仍存在深深的疏离感。这种对国家和国家机构的疏离，一部分来自于对两次世界大战中暴行的憎恶，对当下极权主义者和所谓的"民主国家"压制权利的做法的强烈反感；一部分则源于现代国家的规模和复杂性。[1]疏离感尽管普遍存在[2]，但社会中一部分群体的感受尤其强烈，他们曾遭受过或公开或隐性的歧视，有的来自于其他人，有的来自于国家本身的行为。当妇女们获得话语权时，社会中积郁已久的、情有可原的愤怒让许多男性震惊，因为他们早已视这种歧视和成见为理所当然。[3]这种强烈的疏离感需要长时间才能被修复。同样，对黑人、西班牙裔美国人以及美洲印第安人来说，他们受到大多数白人和美国政府虐待的辛酸史给他们留下的是刻骨的疏离感。[4]尽管公民权利立法取得了进展，但这些群体在公

---

[1] 见 Eisenstadt 对 Weber 的异化观念的评论；与 Marx 不同，Weber 的异化观念将异化视为所有（不仅仅是经济层面）社会约定中的现代社会的共同经验：Eisenstadt, S. (1968) *Max Weber: On Charisma and Institution Building*, Chicago, University of Chicago Press, pp. xv—xvii。

[2] 关于现代国家异化来源的深刻见解，见 *Daedalus*, 108, 4, (1979, Fall)。

[3] 见 Clarke, M. and Lange, L. (1979) (Eds) *The Sexism of Social and Political Theory: Women and Reproduction from Plato to Nietszche*, Toronto, University of Toronto Press。

[4] 见 *Daedalus*, 110, 2 (1981, Spring)。

共社会生活中仍不同程度地处于困境中，包括就业、医疗卫生、法律服务，或教育机会。他们试图建立公民参与感，学校受到了来自这些群体的特殊挑战。

塑造国民

对公共生活戏剧具有敏感度的学校有助于塑造国民。在某种意义上说，学校对国民的塑造无关其是否是有意识的行为。通过教师树立群体榜样、通过非正式的奖惩课程、通过制度结构和过程中体现的价值、通过显性课程，学校实现其对国民的塑造。[1]

学校在教授年轻人历史的过程中塑造国民。然而，所教的历史必须与当下人民的公共戏剧相关。被教授的历史是戏剧性的，是人们用具体的选择和行动创造的。历史中既有悲剧、英雄元素，也有喜剧元素，就像今天的公共戏剧那样。教授这样的历史，让年轻人开始懂得他们的前辈努力奋斗的价值，以及对社会生活的意义的信念。历史告诉他们在社会生活中始终存在的对立关系，包括：自由、正义、尊严、荣誉、忠诚、诚实，以及这些价值观的对立面。历史既教给他们伟大的美国革命，也告诉他们耻辱的奴隶制。历史告诉他们人类容易犯错，会在不明确的状况下冒险，人类的知识并不完备，积极性会被误导，会做出疯狂的举动，同时也告诉他们人类英勇奋斗的事迹……所有这些都源自于过去，而今天也依然如此。历史告诉他们对各种价值观和原则的具体政治表达的原始争论，这些争论延续至今。历史让

---

[1] 见 Pratte, R. (1988) *op. cit.* 关于学校面临的一些新的挑战，虽然政治上不成熟。与其他人一样，Pratte 认为，现代民主社会面临的公民身份问题涉及对政治理论缺乏共识。他要求学校面对这个理论问题。

他们了解英雄和反派，不法之徒和叛徒，还有那些用刻在石头上的文字，用歌曲、绘画、照片来赞美的神话人物，这些都有助于他们定义国民。

除了历史之外，塑造国民的学校还帮助年轻人理解政体，包括政体的结构、政府的分支机构、政府的架构，等等。更重要的是，学校还教会国民如何进行政治行动。实践性课程关注国家的四个功能（国家认同、国际协调、参与和分配），这将帮助说明它们在公共戏剧中的作用。

塑造国民还包括教育年轻人如何解决冲突、达成共识。较为成功地处理冲突对国民意识到自己的国民身份相当重要。有时，实战模拟可以帮助年轻人反复预演冲突场景，直至找到一个大家都能接受的解决方案。有时候，学校内部的状况会给老师和学生带来冲突，甚至是一系列冲突，需要去解决。学校里的冲突包括指控老师偏袒、评分不公正、专断的行政决定，以及在对某些违反校规行为的处罚上存在分歧。有时冲突也可能涉及种族、宗教、阶级和文化。

学校对多元文化脚本表现出矛盾心理。美国的教育工作者——更多的是白人和中产阶级——往往认为学校应该让来自不同种族和民族背景的年轻人进入到"主流"中，也就是进入他们所在的白人中产阶级。如果就业和参与政治需要掌握工作和公开演说中使用的基本的共同语言，那么学校就必须关注学生的家庭背景和文化环境。种族和文化融合的戏剧在学校中碰撞、上演。学校不应压制文化和种族仇恨，而是要解决这些仇恨带来的成见和迁怒。

多元文化社会所涉及的脚本往往不利于人与人之间的互相理解和互相尊重。学校需要帮助他们开发新的脚本、新的语言，甚至找出他们之间的差异和共同点。这需要极为细致的戏剧指导，需要在发生冲突时反复进行沟通，直到表演者对如何求同存异地生活在一起达成共识。在这个挑战之外，老师还必须鼓励来自多元文化的学生走出他们的文化，投入到主流文化中去。在学习主流文化的同时保留自己原有文化的完整性，使两者得到小心的协调。

作为一种政体的学校

结论是，学校想要把年轻人教成什么样，那么学校自己必须先成为那个样子。也就是说，学校必须有意识地把自己当作政体，去面对与现代国家相同的挑战，去处理群体认同、参与、分配与和解的问题。因此，戏剧化的学校教育再次形成了学校教育的戏剧性。学校教育的戏剧性指学校作为一个社会机构而存在，除了教授常规的制度化的内容外，还教授相当的课本内容。通过校歌、校训、典礼、竞争、集会、传统文化等多样化的方式，关注持续的、多元的、形成群体认同的方法，使学校形成并保持其群体身份的认同和特征。学校用这种群体认同，要求个体的学生为共同利益做出牺牲。另一方面，学校可能会让学生投入到削弱他们的社区意识的实践中。让学生为了成绩相互竞争，之后根据累计分数对学生进行排名，这些做法让学生形成了粗浅的社会达尔文主义的思想，而不是合作和社区意识。[1] 近年来，学校改革强调的知识商品化让学生沦为一些人情冷漠的公司的生产机器，或者国家教育部里默默无闻的评价研究员。[2]

这些做法同时也影响到学校的分配制度。分配问题发生在几个层面上。这种对知识的分配体现的正是课程区分和年级设置的作用。

那些进入高级或荣誉班级的学生可以获得某些类型或某个层次

---

[1] 有关这方面的案例研究，见 Lesko, N. (1988) *Symbolizing Society*, Methuen NJ, Falmer Press。

[2] Wexler, P. (1987) *Social Analysis of Education: After the New Sociology*, London, Routledge and Kegan Paul.

的知识，而学习成绩处于平均水平或落后的学生则没有这样的资格。高级或荣誉班级的学生们由此学到的知识将帮助他们获得进入高水平大学的资格。在抱着精英主义想法的学校官员们看来，如此的安排是合情合理的，也就是说，每一个人都享有进入荣誉或高级班级的平等的机会，但只有一部分学生能够以他们的实际表现得到席位。在势均力敌的竞争者之间建立一个公平竞争的学术市场的假设完全是无稽之谈。①

即使有人愿意妥协接受这种精英制度的安排，那么对每一个身处现实世界这个戏剧中的学生来说，什么是必须掌握的核心常识呢？在服务城市贫民的小学，要求掌握的基本常识是最低水平的语言和计算能力。反过来，这样的规定与学校职业教育（经济）的定位密切相关，即为工作岗位培养年轻人。为同一个人群服务的城市高中则越来越向着磁石学校（magnet school）②的方向发展，专攻某个领域，也更直接地与就业问题相关，同时保留了一小部分学校为学习优秀的人服务，使他们有机会进入高质量的大学。在这样的学校系统内，所提及的为社区建设而进行的公民教育，也是后话而已。

学校如何组织"参与"？学生在与他们相关的法定领域内有什么发言权？传统的学生会让学生参加的活动往往仅限于人气竞赛，因为并不存在学生会可以真正掌控的学校生活。同样地，几乎不存在让父母参与学校生活的制度结构。父母的在场增加了群体认同的问题，但

---

① 具体例子，见 Bellah et al., (1985) op. cit., p. 208; Coleman, J. (1966) Equality of Educational Opportunity, Washington, DC, Government Printing Office; Carnoy, M. and Levin, H., (1985) Schooling and Work in the Democratic State, Stanford, CA, Stanford University Press。

② "磁石学校"顾名思义，就是"有吸引力的学校"，又称为"特色学校"，开设富有特色的课程。磁石学校吸引不同学区的学生，可自愿报名申请。——译注

并非完全没有解决办法。还有一个问题可能会被问到——人们想要参与的学校的政治生活其实质究竟是什么？是否涉及教科书和图书馆书刊的选择，是否涉及课程安排以及评分标准？这些问题回答起来都不容易，除非学校创造更多机会让学生们真正参与学校生活，否则对学校的疏离感将进一步存在于学生文化中。

对处于学校政体之外的社区而言，将它们的界限和调解问题与国家政体来做类比似乎过头了，因为学校属于民族-国家，是国家的一个机构。尽管如此，学校作为一个文化机构其本身具有完整性，而且这种完整性将使它与它的支持者——公众——始终处于紧张的关系中。事实上，学校必须始终与外部社区就它们之间的界限问题进行沟通、协商，无论这个社区是属于商会、军方征兵人员还是宗教布道者。

被赋权的国民

塑造一个国民，不仅包括形成身份认同，这为他们的戏剧设定提供走向，还包括赋予他们自我管理的权利。权利赋予来源于知识，但不仅是基于事实的知识。赋予知识是知道如何做某事。在学校改革的建议中经常会忽视对这类赋权的关注，但会建议在学校教育中掌握基本的技能，以便能够遵循指导，或者最好可以了解其他人设计的这个复杂的体系如何运转，以便使用它们。学校总是鼓励学生被动掌握知识。当一个人通过考试的时候，他就被认为已经掌握了这方面的知识。很少有考试会提出现实世界里的问题、要求学生想出几种解决方案，并对不同的方案可能产生的后果进行具体分析。

灌输给一个人适当的知识的方式是一种政治行为。老师向年轻人提供脚本，要求他们记住，而不是即兴发挥，实际上是让年轻人在政治态度上变得被动。老师们不断强调知识在参与人类戏剧中的重要性,实际上是教导他的学生们如何更彻底地投入到这场大戏中去。教授学生们被动地接受知识,教给学生的是看世界的方式,而教授如何在处理人类的问题上积极运用知识,教的则是公民的责任。这让年轻人能够运用他们的知识为人类社会服务。

  学校教育让我们将公共领域的戏剧缩小为可读的脚本和剧情。教科书以简单易用的方式重现了戏剧,但并不鼓励用其他脚本和场景来进行实验性演绎。学校鼓励学生积极参与到社会戏剧中,学生批判性地研读公共戏剧的脚本;他们思考剧中的政治经济学;他们审视在人与人、人与自然、人与大型机构之间的形而上学的关系中隐含的政治学;他们分析脚本本身的政治语言。从对脚本的批判性阅读中获得的知识具有强大的力量。运用这些知识,他们可以在排演社会戏剧时运用其他方式代替现有的形式。

第七章 作为戏剧意识的反思性实践

对学校教育戏剧性的认知包括带有戏剧意识的教学。尽管一直以来对教学的这种认识都存在着，而对此认知加以更充分的理解将大有裨益。戏剧意识意味着认识到在个人的生活中、工作中，在组成学校社区的人们的生活中都发生着戏剧行为，也意味着人们要投入戏剧中，投入戏剧的激情、斗争和冒险中，而不是在心理上远离这些行为。

戏剧意识可以与机构的麻痹意识形成对照。一个人可以在接触最少的人和最少的工作细节的情况下完成一天的工作。这项工作可能高度结构化和组织化，因此具有高度的可预测性。工作的要求可能相对粗浅，例如从计量表上读取数据，发送邮件，运行电梯或者在超市包装罐头。在这些情况下,工作不需要很高的专注力,不需要关注不断变化着的各种可变因素之间的复杂关系。此外,这些工作不涉及微妙的意义、细致入微的沟通,以及会带来严重后果的行为。一个人可以一边心不在焉地干他所做的工作,一边幻想着与他的爱人交谈,重温着前一晚电影的激动人心之处,或者想象着如何更有创意地完成岳母的指示。

戏剧意识需要将分散的注意力集中起来,专注于正在进行或者目睹的事。这种专注力取决于对这一时刻重要性的判断。这一时刻对身处其中的人来说意义重大:它可以开启洞察力,带来惊喜,将愤怒转化为接受,引导激情走向平静。任何一段经历都可能意味着:前进或后退;胜利或失败;从一段不健康的关系中挣脱出来,或投入另一段关系中;接受挑战或逃避风险;一种英勇行为或怯懦行为。进步、胜利或英雄主义的行为并不需要非常宏大,它在一个人的成长中可能只是微不足道的存在。通常,大多数人都是如此:小小的胜利、小小的冒险、小小的眼界、小小的自发性,还有小小的奇迹。这些都是人类戏剧的日常。但具有戏剧意识的老师知道,哪怕是年轻人的这些微不足道的选择、认知和成就,如果不断加以培养,终将成为一种模式伴随人一生的成长与成就,不仅对个人如此,对于全人类亦如此。

反思性实践

最近,唐纳德·舍恩(Donald Schon)[①]的著作提出了一个职业

[①] 唐纳德·舍恩,美国当代教育家、哲学家、美国"反思性教学"思想的重要倡导人。——译注

领域的问题，包括教师行业。[①] 他在职业医生、律师、工程师、建筑师和管理人员中做了一个研究，研究表明长期以来的职业教育范式是错误的。这种范式基于这样一种理念：一个人进入了大学并且学习专业相关理论，他将在毕业时运用这些理论从事他的职业，解决在业务中遇到的问题。事实上，舍恩遇到的这些职业人士中没有一个人遵循着这种模式。他们中没有人会在工作中明确地回想大学时学过的理论。他们无一例外地按照在过往不断尝试与失败的经验中建立起的预感、直觉和预判对业务中的问题和研究做出回应。

显然，问题在于现实与理论不符。[②] 比如，病人从来就不是带着教科书上的"典型问题"走进医生办公室，他们的健康问题通常会因年龄、性别、其他身体疾病和药物的影响、职业、家庭压力、家人和兄弟姐妹的家族病史等原因而复杂化。医生们往往依赖他们的经验，在记忆中搜寻与当前病例类似的病例，然后似乎对症下药地采取相应的治疗方案。

同样，工程师要面对的问题，理论也不曾涉及。每一个问题都存在许多变数，都需要在可能的解决方案中将它们计算在内，包括温度、气候、腐蚀性、湿度、风力、不同条件下各种材料的性能、极端条件下的受力极限、预算规划、环境限制，等等。他们同样倚赖于过往的经验所培养的解决问题的直觉。计算机模拟技术的加入使工程师可以在执行行动方案前先对他的直觉进行试验。

[①] Schon, D. (1983) *The Reflective Practitioner: How Professionals Think and Act*, New York, Basic Books.

[②] 关于教师实践更详细的发展和应用，见 Sergiovanni, T. and Starratt, R. (1988) *Supervision: Human Perspectives*, 4th ed., New York, McGraw-Hill Publishers, pp. 315—319, 331—348。

舍恩等人的研究都认为，反思是有效实践的核心。[①] 那些花时间去思考行为的结果、费力去弄清事情为什么起作用或不起作用的实践者们，往往会形成自己的见解和直觉，并运用到他们的工作中。他们不仅仅是在事后反思，还用这种反思的思维模式处理眼前的问题，甚至在行动时他们也在反思，所以他们可以在行为过程中做出相应的反应。

理论在行动反思（reflection in action）中只是提供了一种可能的解释，而且通常是造成眼前问题的**部分**解释。换言之，理论提供的是可用来分析、解释问题和情况的框架和视角，有时候有助于对人的直觉进行阐释或提供概念。然而，理论有时也会妨碍对问题的其他可能的解释，也限制了解决问题的方法。因为理论是依据数量有限的控制概念来建立或组织经验，它往往会使理论家忽略那些在概念框架之外的现象。

作为反思性实践的反应式教学

萨乔万尼（Sergiovanni）将教学比作冲浪。[②] 冲浪者必须对每一波浪潮的细微差别做出反应，同样，老师也必须对教室中学生们的活力、好奇心和洞察力的一系列连锁反应做出回应。在指定的学习成果和教学方法、教案之间永远也不可能存在一一对应的关系。大多数好的老师会用四五种方式来提出他们希望学生学习的要点。[③] 不同的表

---

① 具体例子，见 Scheffler, I., (1973) *Reason and Teaching*, New York, Bobbs-Merril, p. 185。
② Sergiovanni and Starratt (1988) *op. cit.*, p. 311.
③ 对教学这方面的深入分析，见 Lee Schulman's paper (1989) "An end to substance abuse: Reclaiming the content for teacher education and supervision"，该论文发表于在旧金山举行的美国教育研究协会年会上。

达方式非常必要，因为对一些学生来说，某种表达方法相较于其他方式更容易理解。拥有不同背景的学生将利用他们的背景经历去搞懂他们当天课堂上所学的单元。依据那个单元前后的内容，老师准备一两种处理方式可能更合适。正如冲浪要感知风、浪的高度和速度，在冲浪板上根据体重调整站立位置，并即时计算，来调整、稳定在浪上的位置。反应积极的老师会随时随地关注学生的状态变化，以便调整学生的课堂活动。萨乔万尼的这个比喻抓住了反应式教学的本质，也体现了反思性实践。老师并不是机械地遵循课程计划，而是在课堂上或提出问题，或保持沉默，或使用肢体语言，使学生们适应这种节奏和刺激，来保持学习的活力和兴趣。

在我们对学校教育的戏剧性进行讨论时，"冲浪"这个比喻可以简单地翻译为"即兴表演"。在充满学习热情的年轻人们的课堂上，即时调整是课堂戏剧行为的即兴表演。当我们把教学实践看作是受过训练的即兴表演时，我们也许能够理解戏剧意识如何帮助反思性实践。

但"反思性实践"可能太容易成为一个泛论。我们需要一些例子来说明反思如何进入实践。下面三个反思的实例阐明了它们对实践的影响：对问题命名的反思、对有意识地运用教育理念的反思、对双循环学习的反思。

问题命名

对决策和解决问题的研究表明，做出好的决策、顺利地解决问题的关键在于对问题进行命名。① 有些人会使用"问题发现"（problem finding）或"问题设置"（problem setting）一词；用"问题命名"（problem naming）一词会更合适些，因为发音重音在"naming"上，意味着概念化和想象。

当问题被错误地命名时，解决方案通常也是不恰当且无效的。有时同一个问题在不同的人看来却不一样。一个学生被送到校长办公室，因为他一再没完成家庭作业。这个问题可以归为"不服从""懒惰""在家无处做作业""之前未被诊断出的学习障碍""老师无能""家庭虐待儿童""父母吵架"，诸如此类。我们无法有效地对学生做出回应，直到我们能够确认真正的原因并且对其命名。

舍恩认为，人们陈述问题的故事里包含的衍生性隐喻是了解如何命名问题的关键。② 他在分析中指出，一个群体对问题的讨论会以共同的隐喻来对问题进行描述。大卫·库伯（David Kolb）③ 也同样强调，对问题的性质进行群体讨论，关系到把对问题的认定与机构的目标和优先事项联系起来。④ 换句话说，问题命名涉及把价值、目的和情况联系起来；这个问题恰恰就是妨碍人们目标的问题。

老师在试图对学生做出回应的过程中，必须经常与学生们一起

---

① Shapiro, J. and McPherson, B. , (1987) "State Board desegregation policy: An application of the problem-finding model of policy analysis", *Educational Administration Quarterly*, 23, 2, pp. 60—77; Immegart, G. and Boyd, W. (Eds) (1979) *Problem Finding in Educational Administration*, Lexington, MA, D.C. Heath; Schon, D. (1979) "Generative metaphor: A perspective on problem-setting in social policy", in Ortony, A., *Metaphor and Thought*, Cambridge, Cambridge University Press.
② Schon, D. (1979) *op. cit.*, pp. 268—269.
③ 大卫·库伯，美国社会心理学家、教育家，提出了颇具影响力的体验学习概念。——译注
④ Kolb, D. (1983) "Problem management: Learning from experience", in Scrivasta, S. (Ed.) *The Executive Mind*, San Francisco, Jossey-Bass.

探讨妨碍他们学习的原因。此外，也建议老师应该与正在经历某个问题的学生讨论该问题的性质。学生可能是用叙述的方式对问题的体验进行表述。在叙述中，老师可以寻求用来对问题进行命名的形象和隐喻。只有在当事人对问题的事实表示认同时，才能找到合适的解决方案。通过和学生一起建立反思性的问题命名模式，老师也指导他们成为独立的反思实践者。此外，当学生参与问题的命名时，他们往往会在解决问题上更具有责任心。也是在这一过程中，老师指导学生成为戏剧中的演员，而不是诊所里的病人。

当我们想到"reflective"这个词的时候，我们会意识到它的意思是"反射"（reflex），也就是"折弯回去"。在问题的命名过程中，我们尝试去回顾这个问题，看它的具体语境，将它放在更大的整体中来看，或者将它视为某种模式的一部分。当我们进行命名时，我们将问题的细节抽出来，从结构的角度来看待，将其放到一个或多个类别或概念里，在其中分析它的基本含义。然后我们提出疑问："这是一个政治问题、情感问题、定义问题、资源问题、目标冲突问题、身份认同问题，还是其他问题？"有时我们可能无法明确地命名这个问题，也无法在几个可选的名称中挑出一个来界定它。事实上，它可能是一个错误的问题。通常对于这类问题最好的回应方式就是，让问题暴露出来，然后要么确定问题所在，要么证明这是个伪问题。

正如舍恩所指出的，我们的经历会在最大程度上帮助我们准确地给问题命名。大多数工作中的学习都包括尝试错误。错误可以成为一位伟大的老师。当我们看到在过去曾尝试用某种方法解决的问题时，我们想起当时的解决方法的彻底失败，这一段经历会让我们在再次尝试解决那个问题时格外谨慎，也会让我们去思考我们对问题的命名是否正确。

在命名问题的实践中，通常其他老师也会一起参与。集体的经验以及集体的实践智慧可能远远超过我们单个的智慧。比起单个的老师，集体智慧也会产生更多样的应对问题的方法。

教育理念

第二个反思性实践的例子是在日常的教学中有意识地使用教育理念。[①]政党有他们所谓的施政纲领。纲领的基础，通常叫作"planks"（政策准则），指的是政党执政期间指引他们进行决策的那些基本的信念和价值观。纲领也可能是政党对其意欲实现的重点或重大目标的声明。一个教师的教育理念也是如此。每一个老师走进教室的时候都带着一个看得见的"智慧锦囊"，这锦囊背后是影响老师工作中的行为和决定的信念、见解、价值观和态度的基础。这个教育理念包括对孩子的发展方式、学习性质、学校教育和成人社会生活之间的关系等的观点。纲领也涉及对规范和创造性之间的平衡、遵循规则和个人自主性之间的平衡、社会学习和学校学习之间的平衡、必学知识和额外补充知识之间的平衡的看法，等等。

教育理念通常不会以正式声明的形式出现。通常它们是不言而喻、不言自明的真理，似乎并不需要表达出来。在对一个善意的提问进行回应时，往往会体现出这种理念，如："你为什么在课上这样做？"而回应是："你看，我们在给这个年龄的孩子们布置作业时，需要给出非常清楚的指令。"在这样的表述中，透露出的对孩子认知发展和动机的设想，以及对构建学习有效性的设想。另一个老师可能会回答："这个年龄的孩子自然有他的好奇心和幻想。这就是为什么

[①] 关于教育平台这一概念的扩展，见 Sergiovanni and Starratt (1988) *op. cit.*, pp. 233—245；也见这一概念的提出者 Decker Walker (1971) "A naturalistic model for curriculum development", *The School Review*, 80, 1。

我在布置家庭作业的时候要建立一种神秘感。就好像说'谁能找到埋藏的珠宝？'或者'谁能找到魔咒把公主从这个被施了魔法的城堡中解救出去？'我们让家庭作业贴近他们想象的世界。"这个老师展示的是一种不同的教育理念，假定想象力在引导和指导学习中发挥作用，预设孩子们学习的动机，鼓励孩子们努力钻研功课、寻求答案。

因为老师总是依照规范的制度行事，从来不对其有效性提出质疑，这往往有助于使教育理念明确。把理念写出来会迫使老师们去反思自己所实践的信念，尽管老师们往往会发现刚开始这么做很困难。看到自己的理念外部化，他们会问自己是否这个理念太狭隘、太片面，或者前后不一致。与其他老师一起审视自己的教育理念将对这样的分析大有助益。

每个老师的教育理念都是独一无二的，无论是在形式上还是实质上。有的简单直接，有的则诗意得多，还有的会以图表或照片等视觉形象来表达。因为对这样的做法不熟悉，大部分人会觉得起步很难。无论如何表述，每一个教育理念通常都包含五至十条主张或原则，并按不同顺序、不同重要性来排列。有的教育理念也可能非常简单，只有两三条准则。

通常，这些教育理念表述如下：（1）我校在青少年教育上最重要的三个目标是……；（2）学生通常在……时候学得最好；（3）我的学生学习的社会意义在于……；（4）我的课程中最重要的元素是……；（5）老师是……；（6）最好的教学是……；（7）课堂教学应该强调……；（8）我们学校的氛围应该是……；（9）最好的师生关系应该是……；（10）我教学的总体目标是……。

一旦教育理念被写出来，与其他老师一起讨论，并且再次精炼，有的老师就会发现，把教育理念张贴在他们的工作区域可以有效地起到提醒作用。这有助于反思是否做到了在实际中将理念转化为行动。

作为反思的辅助，有的老师会把教育理念作为接受系主任监督或同事互助指导的基础。

然而，在通常情况下，老师们并未把教育理念付诸实践。例如，尽管他们会说，他们认为重要的学习之一是民主讨论，但事实上，他们可能是以非常不民主的方式来组织课堂。对于这样的老师来说，有两种不同的理念在头脑中博弈，一种是他们支持的理念，还有一种是实际运用的理念。[1] 通常，老师并不能意识到两者之间的差异，也无法对自己的表现提出正确的批评。[2] 一般来说，需要有人通过对老师进行观察，来认识到其所支持的理念和运用的理念之间的差异——也就是所支持的脚本和所运用的脚本。这种对反思的刺激经常出现在同事互助指导的场合下。在这种没有行政判断干扰的情况下，自我批评也更容易发生。[3] 有时课堂录像会让老师看到这种差异。这些有时令人感到震惊的经历（"我在教室里看起来**那么糟糕**！"）会让人意识到在行动时存在认知偏差，并使自己的行为与其所持有的教育理念相符。[4] 第三方观察者的存在会对这样的"面对自我"大有帮助，他们

---

[1] 见 Argyris, C. and Schon, D. (1974) *Theory in Practice: Increasing Professional Effectiveness*, San Francisco, Jossey-Bass。

[2] 见 Lortie, D. (1975) *Schoolteacher: A Sociological Study*, Chicago, University of Chicago Press; Lieberman, A. and Miller, L. (1984) *Teachers, Their World and Their Work*, Alexandria, VA, Association for Curriculum and Curriculum Development。

[3] 具体例子，见 Garmston, R. (1988, August) "A call for collegial coaching", *The Developer*, pp. 1—6; Brandt, R. (1987) "On teachers coaching teachers; A conversation with Bruce Joyce", *Educational Leadership*, 44, 5, pp. 12—17; Leggett, D. and Hoyle, S. (1987) "Peer coaching: One district's experience in using teachers as staff developers", *Journal of Staff Development*, 8, 1, pp. 16—20。

[4] Moffet, K., St. John, J. and Isken, J. (1987) "Training and coaching beginning teachers: An antidote to reality shock", *Educational Leadership*, 44, 5, pp. 34—36。

会提醒老师注意到那些与所持教育理念不符的教学行为。[1]

双循环学习

另一个反思性实践的例子是克里斯·阿吉里斯（Chris Argyris）[2]所说的"双循环学习"（double loop learning）。[3]双循环学习与单循环学习（single loop learning）相对应。在单循环学习中，对情况或问题做出预估，采取行动，然后评估行动是否取得了预期的结果。如果行动取得了预期效果，单循环学习就会终止。如果没有，那么单循环学习者会尝试其他一系列行动，并评估结果。而双循环学习者则会试图去搞懂为什么有的行动奏效，而有的则无效。单循环学习者满足于知道**哪种**行动有效，而双循环学习者则要找出有效的**原因**。双循环学习者会反思，对情况进行回顾，研究发生了什么，了解情况的结构性特征和根本推动力。因此，双循环学习者往往能认识到在表面之下存在着不同程度的活跃度和敏感性。他们能够用多重视角来看待情况和问题。

举例来说，一个双循环学习者会意识到在他课堂上的一个烦人的男生可能并不单单是卑鄙讨厌，他这么表现可能是因为他的同伴

---

[1] Rogers, S. (1987) "If I can see myself, I can change", *Educational Leadership*, 45, 2, pp. 64—67; Simon, A. (1977) "Analyzing educational platforms: A supervisory strategy", *Educational Leadership*, 34, 8, pp. 580—585; Fuller, F. and Manning, B. (1973) "Self confrontation reviewed: A conceptualization for video playback in teacher education", *Review of Educational Research*, 34, p. 487.

[2] 克里斯·阿吉里斯，美国心理学家，组织学习理论的代表人物。——译注

[3] 见 Argyris and Schon (1974) *op. cit.*, and Argyris, C. (1982) *Reasoning, Learning and Action: Individual and Organizational*, San Francisco, Jossey-Bass。

将他视为首领，而他不得不为了维护他在群体中的地位而挑战老师的权威。因此，这段戏剧需要细致的脚本处理。老师意识到一个简单的惩罚性回应可能会导致冲突的升级，因而力图以一个双赢的方式来做出回应。通常，老师会让这个男生负责考勤点名，或采购物品，或其他类似的事，这样既让他在他的群体中维持地位，老师也能继续上课。

系主任可能不得不面对一位只有两年教龄、能力较差的老师，她的第一年末的评价报告对她很不利。作为一个双循环学习者，会从职业性和机构性两个方面进行反思，会认识到是上一年的系主任未能对新老师加以指导，导致这个老师在头一年缺少专业支撑；系主任也知道地方教师工会的领导因近来新教师的解雇问题正密切关注此事。系主任想要帮助这位老师，同时她也知道未来工会领导层和学校管理层之间的合作可能取决于她对这位老师的妥善处理。系主任也意识到自己的情感，她需要战胜它。这些想法促使她在公平、助人的心理需要、对学生的责任，和开除那些无能的老师的责任之间做出权衡。之后，系主任也会反思在关于这个两年教龄的老师的学校戏剧中不同层次的重要性。不管怎样，她必须即兴发挥，想出一个对各方——这个两年教龄的老师、学生、工会和她本人——都有利的解决方案。

上述两个例子都表明双循环学习的有效性。把不同情况下的各种结构关系（涉及各方的利害关系）记在心里，双循环学习者将尽可能地避免情况恶化为"输赢"的斗争。通常，双循环学习者会意识到自己处于相互冲突的原则之间，比如对学生加强遵守课堂纪律的教育和帮助不羁的学生找到适当的保持自我意识的方式这两者之间的冲突。通常，这些原则之间表面上的冲突是不真实的；尊重两边的原则往往会带来双赢的结果。双循环学习者通常会更批判性地看待自己，将自己视为问题的潜在部分——过于戒备，或者对形势的看法过于狭隘。

对三个反思性实践的例子进行整合

三个例子都说明了反思如何帮助实践者认清他或她在工作中面临的挑战和状况。每一个例子都指出了创造意义的方式，理解的方式，与人相处、与情境相处的方式。问题命名使问题容易理解；理念使人在与需要关注的不同的人打交道时保持一致的价值观；双循环学习使人专注于他的理念，专注于学校教育的戏剧中遇到的多层面意义。这三个都是独立的反思性实践的例子，当它们以一致的反思实践的模式联系在一起时，可以帮助我们更好地理解教学工作。

戏剧意识的反思

教学中的戏剧意识指的是认识到在学校中至少存在三个层面的戏剧：年轻人个人的戏剧、日常校园生活的戏剧和校外世界的戏剧。

首先是年轻人个人的戏剧，其中的每一个人都在努力寻找自我。对孩子们来说，这个戏剧直接控制着其他戏剧的介入。对有的孩子来说，寻找自我等同于以学校里的优异成绩来讨好老师和父母。而对另外一些孩子来说，面临的可能是矛盾重重的、分裂的、混乱的家庭环境，消耗了他们所有的精力，使他们无法参与到学校戏剧中。还有一些孩子来自充满安全感的家庭，学校生活对他们来说可能过于枯燥、无趣而无法吸引他们的注意力；运动、音乐、课后兼职、全身心投入的爱好对他们而言可能更具吸引力。

在这些大的形式里，日常生活的起起伏伏渺小得多，但对于年轻人而言却具有重要意义：为小组参加比赛而焦虑，为入选唱团而兴奋，为家庭野餐而欢乐，为宠物离世而难过，为集邮爱好而全身心投入，因同学取笑自己的衣服而感到丢脸，因抄袭作业被抓而尴尬，因考试不合格而气馁，因交到朋友而兴高采烈。在所有这些和无数其他的经历中，年轻人都在学习生活这门课程，他们或投入生活的经历中，或放弃生活，或学习创造和掌控生活。他们创造自我，而不只是等着外力来塑造他们。他们学习如何成为一个人——至少是自己眼中的人物。他们在创造生活，无论是好还是坏。

老师们或多或少意识到在孩子们的日常生活中正发生着这些。一些老师选择成为这个戏剧中的演员，在常规的课堂角色之外，还扮演放学后的倾听者，对课外活动（这些活动可以转移一些分散的能量）给予建议，给家长打电话建议他们与孩子一起探讨孩子们正在经历的那些问题。有的老师把创造性的、有趣的学习经历与学生们的日常生活结合，与官方的教学目标相结合，同时也鼓励孩子们学习生活的课程，实现个人成长。这些老师认识到自己在孩子们的生活戏剧中可能扮演着重要角色，他们并不是以夸张的救世主姿态出现，而是友好地鼓励年轻人挖掘自己所具备的潜能。

然后是学校戏剧。正如我们之前所见，学校戏剧可能会对年轻人造成威胁和困惑。年轻人往往是被迫进入到这个与他们的兴趣和认知都相去甚远的戏剧中，在这里，成年人把控着这个戏的服装、脚本、布景、节奏和评论。如果可以选择的话，可能大多数年轻人都不愿意参加。他们宁可在校外探索邻近的社区或附近的公园、树林；玩弹珠、棍子球、游戏卡、跳房子和跳绳等五花八门的游戏；彼此讲述故事、谈论生活；创作一个属于他们自己的小小的独幕剧，剧情里有太空入侵者或其他想象的角色（假设他们在童年时并未沉溺于电视）。

然而，年轻人被赋予了在学校里扮演的角色，被要求以教科书作为脚本，穿校服，有礼貌地对老师和管理人员说话，参加各种活动，遵守规定。他们并不理解为什么学业上的优异表现极为重要。他们很早就知道如何在学校这个戏剧中取得成功。正如我们之前看到的，学校戏剧里既有学术脚本,也有机构脚本。通常,这些脚本之间是相互冲突的,尽管这一点并没有公开被承认。①

老师如果理解学校戏剧对年轻人的制约作用,将帮助他们正视学校戏剧不断提出的各种要求,同时引导他们挣脱机构脚本的束缚,去体验学术脚本给予心灵和想象的奇遇。换言之,老师们让他们的学生明白学习并不仅仅是出于取得成绩或得到提升这样的功利性目的,而是通过课堂上学到的知识,更深入地接触人文科学、自然科学和艺术等学术领域中关于整个世界的知识。机构脚本无须掌控学校教育的戏剧;面对这个令人着迷的充满复杂、和谐、痛苦和希望的世界,想要了解它的兴奋感与好奇心将让教育的戏剧真正地具有戏剧性。在专注世界的进程中,人类思想的戏剧获得指导、塑造、愉悦和延伸。

对世界本身的戏剧的认识,使老师进一步深入地接触他们的学生,因为在这里,他们会把对个人戏剧、真善美的戏剧的认知,带入对当下历史和将来的戏剧的综合认知里。这个更大的戏剧存在于许多层面上,包括政治、文化、经济、宗教、社会和人类学的层面,它们之间相互独立。

世界这个戏剧在当地、全国和世界的范围内上演着。这个戏剧包括保护生物圈,反对有毒物质数十年的侵害;支持或反对核毁灭;在超级人国扶持的团体或小国内实现地区和平,或继续屠杀;将国家经济融入世界经济中,实现全球资源的合理分配;城市社区学习如何平息社区暴力;促进全球学习网络和全球管理网络发展的现代科技;拯救富人的人性,同样也拯救穷人的人性,拯救为生存而奋力挣扎的人,还有因过度消费而丧失目标的人,让他们可以生活在某种形式的

---

① 见 McNeil, L. (1986) *Contradictions of Control: School Structure and School Knowledge*, London, Routledge and Kegan Paul。

人类社会中；动员个人和集体的意志，将人类的创造力、智慧、幽默和同情心运用到人类生存面临的各种基本挑战中。

老师如果意识到戏剧存在于人类历史的当下，他们会让自己的学生迎接挑战，参与到更大的戏剧中寻找自己。他们会指出，参与更大的戏剧离不开在学校学习的知识。但当前已经脚本化的知识必须由老师和学生来重写，才能产生积极的学习形式。在学校中获得的知识不可能不涉及任何利益，有些是为了通过考试，有的则迎合一些国家发言人提出的奇怪要求——我们的成绩要看起来超过我们的国际竞争者。在学校学习到的知识可以被视为在教育环境中头脑与想象力努力的成果，用来参与当下的戏剧。

知识的发现和运用可以创造历史，知识并不是预先汇总起来的信息，而是人类智慧在努力参与世界戏剧时的即兴发挥。知识是脚本的组成部分，而我们在公共社会的舞台上对知识的积极运用创造了历史，使世界的戏剧变成人类的戏剧，为人类生活创造新的可能性。学习戏剧并且学习如何改进戏剧，可以被视为公民权利的必然行为。关于戏剧的学校教育也可以被认为是公民权利的最高形式之一。

从这个角度讲，学习如果仅仅是为个人的自我实现，那么学校教育的戏剧的眼界就过于狭隘了，最终只会事与愿违。为了成绩、为了更高的考试分数和进入有竞争力的企业而学习，同样被认为是关于学校教育的过于肤浅的观点，最终也将适得其反。

当学校教育的戏剧涉及的是面临着巨大挑战的历史时刻中的更大戏剧，那么它将为自我实现提供一个创新的舞台，以及众多令人满意的工作机会和毕生事业。换句话说，个人实现的戏剧，在享有必要的自我表达的空间的同时，将在参与更大的社会戏剧的过程中得到充实和完善。同样地，学校教育的戏剧作为获取知识的方式，一方面享有必要的自主权，并且与喧嚣的更大的社会戏剧保持距离，另一方面在参照更大的社会戏剧的过程中不断得到充实和完善，并且根据更大的社会戏剧以恰当的方式来培养个人戏剧。

作为戏剧意识的反思性实践

从这个角度来看，此前讨论的反思性实践的要素更具深度，也更为复杂。当我们将学生和老师在学校日常生活中面对的问题看作是发生在个人戏剧、学校戏剧，或者更大的社会戏剧，或介于这些戏剧之间的问题时，将有助于问题的命名。有时，问题可以被视为是机构脚本和学术脚本之间的冲突，或脚本自身的内在冲突。有时，问题被看作是老师承担的角色——演员、指导者或批评者——之间的矛盾。有时，问题被命名为以宣传或政治赞助的形式不恰当地介入了更大的社会戏剧；还有一些时候，问题则被看作是更大的社会戏剧反对任何对戏剧表现方式的批判性分析，导致破坏了民主社会的真正的教育。

一个人构建其教育理念的方式可以反映出他对学校教育的戏剧性的看法。鉴于此书中表达的观点，即戏剧意识包括对戏剧的三个层面的认识，教育理念可能未充分考虑到戏剧的这三个层面。假设一个人努力让自己坚持的理念付诸实践，那么戏剧意识的反思性实践将以更稳定的、有意识的方式在戏剧的三个层面上得到表达。学校教育的戏剧性将成为戏剧化的学校教育。

最后，戏剧意识下的双循环学习使老师成为演员、指导者和批评者。作为戏剧的指导者，老师会思考（预想或回想）他的教学过程，去弄清涉及的是哪个层面的戏剧，脚本如何，是否需要加强即兴发挥，要连演多少场演员才能完全掌握这场戏，等等。作为批评者，老师不仅要反思学生在戏中的表现，还要反思自己对戏的指导。作为批评者的老师可能会决定是否要为了获得更好的效果，重写这场戏的脚本、重新排练；可能会意识到机构脚本正在扼杀学术脚本，或学术脚本未能与更大的社会戏剧充分联系起来。所有这些判断都可能导致重开课程，在课堂上让戏剧性的内容更充分地显露出来。

  在反思课堂戏剧的时候，老师可以检验该课程是否对个人戏剧、学校戏剧和更大的社会戏剧做出了积极回应。某一层面戏剧的成功不应以牺牲另一层面为代价，而正是通过三个层面戏剧的巧妙融合，这三个层面才能达到最令人满意的程度。作为批评者的老师之后回归到指导者的角色中，与演员一起重写片段的脚本并且重新排练。当然，重演的目的是为了让演员们理解相关戏剧，并且学会在相似的场景中如何即兴发挥，使戏剧更好地呈现。因此，在扮演指导者和批评者的同时，老师成了学校教育的戏剧中的演员。作为学校教育的戏剧中的演员，老师对脚本进行即兴创作，提醒大家注意剧中的其他角色，让这个戏呈现出更好的效果。因此，老师也在戏剧之中。老师的自我实现也在于对公共戏剧的参与——这就是建立在学校教育的戏剧性上的戏剧化的学校教育。

第八章 领导力、愿景与戏剧意识

　　学校教育的戏剧性可以不动脑筋、不加思考地无限期进行。如果某所学校的教育工作者想要把学校教育的戏剧转变为国际化的、自我反思的、自我纠正的戏剧,并在其中进行生活戏剧的教育,那么在教育的各个方面都需要依赖领导力。这样的领导力包括哪些方面?很幸运,最近关于领导力的著述使我们可以了解它的一般形式。简单地回顾一下这些著述,我们可以了解当前有关领导力的思考与上文提出的戏剧意识的观点如何共存。那些关于领导力的思考也使我们可以把表演者、指导者、导演和批评者的隐喻联系在一起。

近来关于领导力的著述

关于领导力的研究和理论，已经摆脱早期的工具论观点，转向更为实质性的观点。[1] 早期对领导力的看法，受到行为心理学和实证社会学的强烈影响，往往将领导力简化为一些可见的变量，比如人际关系、决策、生产力，等等。然而近来，加德纳（Gardiner）[2]、沃伦·本尼斯（Warren G.Bennis）和伯特·纳努斯（Burt Nanus）[3]、伯恩斯（Burns）[4]、维尔（Vaill）[5] 的学术著作中都引入了"愿景"（vision）、"象征性意义"（symbolic meaning）、"目标"(purpose)、"文化"（culture）、"转型"(transformation）等领导理论术语。这些作者都强调，人们需要在工作中追求更大的意义，而不只是技术效率；找到一种做出更大的努力来改变社会的需要，一种参与到团队中、努力建立品质和卓越的标准、树立他们的行业标杆的需要。[6]

就我们的目的而言，"愿景"一词尤为恰当。当我们在探讨"愿景"这个术语的含义、出处、如何运用、如何将领导者与追随者联系起来、如何体现在制度中时，我们将会看到关于领导力的分析是如何

---

[1] 有关领导力的早期和近期文献的概述，见 Sergiovanni, T. and Starratt, R. (1988) *Supervision: Human Perspectives*, 4th ed., New York, McGraw-Hill, 第 7—8 章。

[2] Gardiner, J. (1986, 1987) *The Nature of Leadership: Introductory Consideration*, Leadership Papers/1; *The Tasks of Leadership*, Leadership Papers/2; *The Heart of the Matter*, Leadership Papers/3; *Leadership and Power*, Leadership Papers/4; *The Moral Aspect of Leadership*, Leadership Papers/5, Washington, DC, The Independent Sector.

[3] Bennis, W. and Nanus, B. (1985) *Leaders: The Strategies of Taking Charge*, New York, Harper and Row.

[4] Burns, J. (1978) *Leadership*, New York, Harper Torchbooks.

[5] Vaill, P. (1989) *Managing as a Performing Art*, San Francisco, Jossey-Bass.

[6] 试图将上述作者的想法塑造成一个综合的领导理论，见 Sergiovanni and Starratt (1988) *op. cit.*, pp. 201—213。

与我们对戏剧意识的理解，与教育的戏剧中表演者、指导者、导演和批评者的活动联系在一起的。

愿景及其来源

大多数作者在运用"愿景"这个术语或它的近义词"意图"（purpose）和"使命"（mission）时，并不会对其含义进行具体的描述。在更深层的意义上，它表达着事件的一种理想状态、一种激情的承诺，激励着领导者和他的追随者专注而努力地奋斗。也有作者，比如安德鲁斯，用"愿景"来表示更为具体的意思，指所有人都能达到的标准（比如达到所有十年级学生都能达到的阅读水平，或在其他标准化考试中成绩达到平均分以上）。[1] 这样的愿景为学校里特别需要保护的孩子们提供着动力和能量。但另一方面，这个愿景无法代表这些孩子们未来可能成就的宏伟事业的大愿景。

一个理想学校的愿景源自何处？在任何一所学校，愿景可能随着时间而逐渐形成，并由教职员中一些关键人物与他人分享并身体力行，让这个愿景传播开来。但它是从哪里产生的呢？艾森斯塔德（Eisenstadt）在评论韦伯的魅力型领导理论时指出，一个人达成愿景，以及对代表这个愿景的具体文化的表述，有无数种方式。[2] 但这个愿景根植于人类生活的深层核心意义，包括高贵、庄严、美好以及价值，等等。这些往往以神话、诗歌和隐喻来表达。它涉及的价值观念包括

---

[1] Brandt, R. (1987) "On leadership and student achievement: A conversation with Richard Andrews", *Educational Leadership*, 45, 1, pp. 9—16.

[2] Eisenstadt, S. (1968) *Max Weber: On Charisma and Institution Building*, Chicago, University of Chicago Press.

自由、荣耀、无私、忠诚、对团体的奉献、一个人的正直与尊严、平等、人际的和平与和谐、法治、理性和文明的提升、智慧、自我管理、勇气、品格、完美表现、创意表达、与自然和谐相处，等等。

要努力搞清一个人的愿景来自何处，需要追溯他的个人和专业背景的很多方面。有时会指向一些具体情况，这些情况强化了特定的信念，包括他父亲的样子、一个受欢迎的老师的说教、他执教第一年的痛苦经历。也有一些例子表明，愿景是经过多年的阅读积累后逐步形成的。还有一些愿景借鉴自他职业生涯中一至两个极具影响力的人物。然而，在每个案例中至关重要的是，这些有影响力的人或事表达了人类生活的基本信念——关于做一个真正的人意味着什么，关于是什么将社会生活和社区维系在一起，关于哪些价值观帮助我们理解周边的混乱。这些有影响力的人或事形成了一个人基本的信念，成为一个人教育愿景产生的基础。

教育的愿景，不是一系列关于学校的陈词滥调，而必须植根于人类生活的基本意义中。这并不需要专业哲学家的思考，但它要求教育工作者反思他们所信仰的人类生活的基本价值和意义，反思他们是否在教学工作中实践了自己的信仰。

愿景的表述

对愿景的表述有各种方式。一些教育工作者通过描述他们理想中的学校来表达。这样的描述需要一些想象力，其中的点点滴滴都体现着教育愿景的核心价值观。也许他们会采用下列方式，比如："让我告诉你我理想的学校中一堂典型的历史课的样子。随着课程开始……""让我告诉你在我的学校里典型的纪律处罚情况。由老师和辅导员起头……""让我告诉你，在我理想的学校里典型的教职员培训……"

有些教育愿景会以正式的使命宣言表述出来："学校的使命分为三方面。第一，……"有时在使命宣言之前是一段哲言："学校秉持的哲学理念是，个人坚决不可侵犯，同时个人具有绝对的义务为社会福祉做出贡献。在如此的哲理指引下，学校认识到它的使命是……"

其他关于愿景的表述可能是全校范围内的一系列年度目标。这些年度目标并不能代表整体愿景，但年复一年地累积起来，显示了学校的长期规划、表达了愿景。学校的员工可能已经发现，在任何时候要完整表述愿景都并不容易，但回顾这些年度目标，他们就会了解自己的直觉是如何受到整体的潜移默化的影响的。

有些教育工作者会用学校的文化传统来表达他们的愿景。他们会指向校训、校歌、学校吉祥物和其他与学校历史长期相关的文化产物，来强调学校一直以来倡导的某些价值观。有些人则会关注学校服务对象的文化，强调这些文化中特别的价值观。这些价值观会对学校的基本性质产生重要影响。在群体的眼中和记忆里如英雄般存在着的过往的一些校友和老师，他们的故事也往往会促使这些价值观成为学校愿景的核心。

还有一些教育工作者扮演着很好的工程师角色，胜过演说家的角色。他们会提出学校的具体政策、结构和计划，以体现学校的愿景。对他们而言，怎么表述无关紧要，重要的是那些相对永久的组织安排，它们使精力和关注点指向学校愿景的核心价值和意义。

当然，教育愿景的最佳表述是涵盖上述所有内容。这将表明学校的愿景真正地渗透到了整个学校生活中。

克服"领导－被领导"的分裂

对领导力的普遍理解暗示着领导者和其追随者的分裂。领导者具有愿景，追随者接受领导者的愿景，并使自己的行为顺应领导者的愿景。在学校里，假设校长有其愿景，并且迫使或劝诱教职员接受他的愿景。然而，这是对领导力真实本质的误解。愿景必须由这个群体中的大多数人共同构成、共同分享、共同拥有。领导者的权力并非来自于法律权威或职业权威，而是来自于群体本身的愿景，并且由群体共同分享和拥有。如果缺少共同的愿景，管理者将依赖法律和职业权威，但这仅仅只能使员工在法律和职业层面上服从。当员工在共同愿景的激励下工作时，领导力开始发挥作用。当这个群体抱着能够且想要争取什么的愿景时，愿景发挥作用，群体中每一个成员的能量和才能将被调动、集中起来，成为集体的能量和才能。校长可能会让群体自己确定并实现他们的愿景。他们的愿景有时会受到来自校长的愿景的影响。尽管如此，整个群体表达的愿景必须是他们自己的理想。

教职员和学生的精力与积极性如果未投入到集体的目标上，那么往往会转而追求个人主义、自利的目标。这必然导致冲突、争抢稀缺资源、造成防御性行为、引发不正当竞争、关注外在奖励。当共同的愿景将能量集中在一起，并且让每一个人变成最好的自己，那么这个集体将拥有巨大的力量来创造奇迹。领导者要努力让集体的精力集中于共同愿景之上，因为创造卓越的力量并非来自于领导者，而是来自于集体对卓越的共同愿景。[①]

---

① 对变革型领导力的洞彻处理，见 Burns, J. (1978) *op. cit.*，第 16—17 章。

愿景制度化

"institutionalize"一词有两种截然不同的意思。一种通用的意思是指把某人放到一个专门处理某些特殊问题的地方，最常见的用法是"把这个家伙送到精神病院去"。第二种意思是创造一个机构的新的组成部分，使其机构化、制度化。举例来说，一些公司希望把更加有创意的思维方式制度化，或将一种全新的人力资源开发方式制度化。这意味着公司需要确立认定、奖励程序，并对这些新的要素加以运用；创意的思维或人力资源开发必须体现在公司的结构、流程、政策和程序中。一种新方法如果没有被制度化，那么它就仍处于边缘地位，可能会得到少数人的关注，但对于整个机构而言，它的影响力微乎其微。

关于变革和创新的著述对制度化的过程进行了深入分析。[1] 它指出，此过程分为三个阶段：起始阶段、实施阶段和制度化阶段。起始阶段包括：为机构面临的问题命名；对需要解决的问题达成共识；讨论各种可能的应对方式及每种应对方式可能产生的结果；考虑到资源条件的限制、机构的目标和需求，选择可能最好的应对方式。实施阶段涉及：因行政责任的变化和分配需要，在新技能和资质方面对人员进行培训；建立沟通和反馈渠道；批准预算配置；将具体任务分配给实施变革的人；建立机构日常运行中与其他部门的衔接机制；确保参与实施的人员的稳定性和工作的安全性。在制度化阶段，参与其中的人们经过各种努力之后掌握新的知识和技能，因此创新影响越来越多

---

[1] 见 Miles, M. (1983) "Unraveling the mystery of institutionalization", *Educational Leadership*, 41, 3, pp. 14—19; Zaltman, G., Duncan, R. and Holbeck, J. (1973) *Innovations and Organizations*, New York, John Wiley。

的人，或为越来越多的人所用，也因此，创新融入日常的日程安排中，纳入业务预算开支中，并且被认为可以提升整体生产力、改善机构的氛围。

因此很显然，怀有愿景只是领导力的一个要素。让愿景融入学校的血液中，需要全体教职工的配合与巨大的努力；需要对学校的日常生活，对组织和管理学校日常生活的政策、计划、结构和流程做出仔细的评估。通常，学校的教育愿景会遭遇学校机构制度的壁垒：部门化、年级、每日课程安排、每周进度、预算限制、权责冲突。很少有机构可以近乎完美地实现其教育愿景。尽管如此，仍有很大的空间可以去推进制度化中愿景的完美呈现。

愿景与戏剧意识

上述对领导力和愿景重要性的分析描述了一所理想的学校的样子，即积极而有意识地投入到学校教育的戏剧中，在共同愿景的指引下，全体教职员集体发挥领导力。从表面看来，这可能是一种肤浅且毫无意义的泛化，或对一致性的可怕追求。但这种可能性更为复杂，也更灵活。愿景对于学校里的每一个人来说永远都不会完全一致。每一个老师都会以其独特的个人方式来表述学校的愿景。此外，不同科目的教学需要各种不同的方式和方法。鉴于学生们的天赋、兴趣和背景各不相同，学校愿景对学生的影响也会以多种方式体现出来。

在某一所学校——我们始终关注的都是个体学校，而不是地方或州的教育系统——学校的愿景向教育界展示了一种令人兴奋的可能性。一所学校能够或者可能实现的愿景一直就在他们面前，学校里每一个成员的巨大可能性都吸引着他们。愿景是梦想，是理想，是每一个人和所有人内在的才能、能量和精神的最大化实现的可能性。

每一个老师的愿景是由学生发展可能性的梦想构成的，这种可能性来自于学生关于某一主题的活动以及这个主题对学生的影响。这些梦想并非完全不切实际，老师们很快会认识到孩子们成长的速度通常极其缓慢，但他们仍然有足够的雄心，鼓励学生们向着下一次更好的表现迈出脚步。对英语老师来说，他所希望的可能是每一个学生都能创作出优美的具有深度的作品，或者结构复杂的诗歌。科学老师希望的可能是理想的实验报告，不仅仅是清晰地表达实验的测量值和结论，还要提出有趣的问题，等待进一步的检验。社会学老师希望的可能是学生可以深刻理解某个特定的历史时刻中巨大的社会力量与个人选择之间的平衡，无论选择英勇面对还是懦弱逃避，都会引发社会力量的爆炸式能量。

可能性的愿景构成了戏剧意识的核心。认识到每一个学习机会中的可能性也就是认识到学校教育内在的戏剧性，因为每一次学习的机会带来的可能是成长，也可能是挫折——无论多么微小。假如结果是失败，老师和学生会如何应对？如果他们都能从失败中学到一些东西，那么失败就可以转化为成长的经验。事实上，养成在失败和挫折中学习的习惯将成为人一生中最重要的学习收获，因为在生活的戏剧中，大多数人经历更多的是失败。

愿景会提升戏剧意识，因为愿景增加了戏剧的可能性。当学校里每一个老师都将戏剧意识带入教学工作中，并与学校管理层抱有相同的基本愿景，那么这个愿景就会在校内制度化。老师的戏剧意识产生的能量和洞察力将帮助老师创新学习活动、实践新的方法、重新布置教室、重新安排学习进度，使学习这个情境的戏剧可能性得以更加充分地实现。

近来一些学校改革的论著中提到了"教师赋权"（teacher

empowerment）。[1] 这个名词对不同的群体有不同的含义；在教师工会看来是一个意思，而在管理者看来又是另外一个意思。[2] 我们并不否认老师需要政治力量作为基础，使地方和州政府了解他们的关注点，也不否认老师需要更多地掌握职业自主权，不过，有一种对"赋权"的理解直指问题核心。

"赋权"（empowerment）的意思是有权力做某事。这个权力可以是法律权力，也可以是组织权力，可以是从专业训练和专业技能中获得的能力。在这个意义上，我们将这个名词运用到学校教育的戏剧性中，"赋权"是指一个人作为"人"拥有的参与到自己和他人的生活戏剧中的权力。这不是对他人的权力控制。这种权力并不来自于学历或法律权威，尽管并不能忽略这些。"权力"是作为一个人的力量，作为"你是谁"的力量，认真对待自己和他人、选择某种方式并以这种方式行事的力量。法律、机构或职业权力并未授予这种权力，这是我们作为"人"的权力。有时，这种权力必须在与法律、机构或职业权力的对抗中加以行使。有时，这种权力也会得到法律、机构和职业权力的支持，正如有关教师赋权的著述中阐述的那样。

"教师赋权"在深层意义上是指权力进入人们的日常生活的戏剧中，对老师来说，日常生活在很大程度上也就是学校教育的戏剧。当老师在学校教育的戏剧中具有戏剧可能性的愿景时，这种权力将得到极大的加强。力量被欲望所激发，将挖掘出人工作的巨大潜能。戏剧意识在愿景的推动下，将使老师和管理者们成为学校教育的戏

---

[1] Maeroff, G. (1988) *The Empowerment of Teachers*, New York, Teachers College Press; The Holmes Group (1986) *Tomorrow's Teachers*, Lansing, MI.

[2] Iorio, J. (1988, Summer) "Empowerment and governance, a revolutionary and evolutionary process", *Journal of School Administrators' Association of New York State*.

剧的导演、指导者、批评者和表演者。

  犬儒学派会说这些听起来乐观到令人尴尬。老师和管理者的生活很大程度上受到语境的局限，更不要说那些病态的限制。公共生活的争议性的特征几乎没有给自由自主的选择留下什么空间。鼓励这种幻想的戏剧似乎非常不切实际。我们赞同人享有选择人生的权利，但并不否认这种选择受到语境和心理上的限制。另一方面，对这种权利最大的限制是认为人并不拥有这种的权利。此外，那些希望掌控社会戏剧的人也让我们相信这一点。假如不相信人在人类戏剧中有权选择作为一个自由而自主的主体，那么人类戏剧就会沦为可怕的木偶剧。让年轻人能够对人类生活的诠释提出质疑，让他们在自己所选择的环境中、在受到局限的条件下，能够发挥人的自由，这正是教育的使命。

第九章　演员，指导者，导演，批评者

现在我们即将完善对于学校教育的戏剧是戏剧化的学校教育的理解。学校教育的戏剧性，涉及脚本中套着脚本：学术脚本、机构脚本、个人脚本、社会脚本；而这些脚本中又有意识形态、美学、宇宙哲学、伦理和认识论的脚本。通常这些脚本相互交叉，或者相互替代。

学校教育塑造个体，同时也塑造国民，在这个过程中，社会个体角色在学校教育这个戏剧中获得社会意义。学校教育的戏剧性中的教学和管理，要求对排练和演出的大大小小的戏剧都要有所认识。在学校教育的戏剧性中，领导力要求把握学校教育的戏剧的意义，对这一戏剧如何展开具有远见。学生、老师和管理者的戏剧意识，他们对所参与的戏剧本质的敏感度，使他们更有意识地参与和构建戏剧。现在

就让我们把关注点转向表演者、指导者、导演和批评者的行为。

人生戏剧的一大悲剧是，一个人可能会像错过飞机一样错过他自己的生活。[①] 通常这种错过是因为害怕选择自己的命运，或害怕因自由地表达对完满生活的向往而丢脸或被嘲笑。在选择做自己的道路上会有一种极度的孤独感，因为没有人能告诉别人他是谁。当一个人选择遵循自己的意志走下去的时候，他就选择了孤身一人。从前，在成为一个真实的人的道路上，父母和权威人士会指明方向、给出建议，有时甚至会采用胁迫手段。让别人为自己的人生承担责任是安全的。一旦这个人离开群体，宣布成为自由的存在，这种安全感就会丧失。面对世界时他会感到孤独，感觉所有的灾难都可能从天而降。有些人，他们的整个人生都处于相对依赖的状态，他们畏惧在人生的道路上遭遇那些匍匐在灌木丛中伺机而动的猛兽，他们期盼着在下一个路口看到清晰可预见的地平线出现在眼前。

这样的恐惧也会导致神经质的冲动，想要完全掌控环境。[②] 因为他无法忍受自己或他人的不可预见性，因为允许他人的自由和自发性只会暴露他脆弱的自我价值，所以他必须把生活的威胁降到可控范围内。每个人的脚本都必须是固定的，这样就再没有风险、也没有机会赤裸裸地暴露他的弱点。

在学校，孩子们学习如何做出自主的选择、如何做他们自己，而不仅仅是在他人的戏剧里扮演一个穿着衣服的模特、背景板的角色。为了减少孩子们的恐惧，让任务符合孩子们的能力，需要做的选择是

[①] 见 Walker Percy 极佳的小说（1980）*The Second Coming*, New York, Farrar, Straus and Giroux, p. 123. 厄内斯特·贝克尔在对弗洛伊德心理学的批评中也提出了同样的观点，见 Becker, E. (1973) *The Denial of Death*, New York, The Free Press。

[②] 见 Becker, E. (1975) *Escape From Evil*, New York, The Free Press。

小的合适的选择。有时候也可能是不恰当的选择。试错学习的长处是，孩子们可以在成功中学习，同样也可以在错误中学习。

学校也教给孩子们去认识这个他们在其中作为个体存在着的世界。这是一个以这样或那样的方式运转着的自然世界。人们用不同的方式对待这个自然世界，有人尊重自然的规律与和谐，也有人破坏它。在自然的世界里，也有需要避开的危险，比如在冰水里游泳、在毒葛间穿行，或是徒手抓蛇。还有一个社会世界，这里有习俗和传统，有各种不同的种族、国家和文化，有英勇的事迹，也有令人厌恶的暴行。每个人都要对他所在的社会负责，在这些社会的文化模式下有各种不同的个人表达方式。这个社会世界中也包含工作的世界，在这里，人们展现自己的才能与兴趣，为社会做出贡献，赚钱谋生以满足各种生存和娱乐的需要。在人文学科、艺术学科和自然学科中还展示了个人世界和人际世界的存在。在这个世界中一个人会成为独特而无价的存在，哼着独一无二的歌曲，写着独一无二的故事，为世界做出独一无二的贡献，成为这个地球上独一无二的英雄。

换句话说，学校培养年轻人对身边世界的理解力。这样的理解力使他们能够了解自己，能够选择自己将成为谁、成为什么样的人，能够成为作品中的人物，戴上面具，穿上戏装，书写表达自我的台词。这样的理解力使他们能够解读在所处环境中他人的话语和姿态，能够理解他人通过面具、戏装所要表达的意思，理解脚本。这使得他们在校内校外都可以参与到生活戏剧中。

演员

在学校教育这一戏剧中，最显而易见的演员就是学生。他们是学校教育这一戏剧的主要组成部分。在学校教育的戏剧中，他们或成功，或失败。他们反复进行学习。他们是演员，既要学习学术脚本，也要学习机构脚本。

当指导者和导演把脚本放到学生们面前时，他们开始学习脚本，也就成了教育这个戏剧中的演员。他们不仅要记住、更要理解脚本，然后通过脚本把自己表达出来。这不仅适用于语言和词汇、数字和公式脚本，也适用于学术脚本，无论其内容涉及的是地理、生命科学、文学还是公民学。换言之，这个脚本为他们打开了一个世界，他们走进这个世界，并安居其中。当他们谈论这个世界的时候，他们谈论的是这个世界对他们来说意味着什么，以及与这个世界相关的他们的生活和对自己的理解。一个新近移民的亚裔孩子对脚本的理解不同于一个原住民的孩子。一个非洲裔孩子会把在学校学到的知识和家庭的文化传承联系起来，而白人家庭的孩子则不会如此。一个有听力障碍的孩子对学校所学知识的感受也不同于一个有视力障碍的孩子。

个性化的学习并不否定那种检验了日常生活需求和所要求的某种一致性的学习的共同表达。水在实验中可以表示为 H_2O，但这个词同样可以承载某些记忆，比如喜欢的瀑布、冰凉的饮料、拍打岩石的海浪声。记住美洲或澳洲被"发现"的日子可以用于通过常规考试。然而，对于美洲原住民的孩子或澳大利亚土著人的孩子来说，"发现"的意思完全不同于这些国家早期欧洲殖民者的后代所理解的意义。这些历史事件对应着完全不同的脚本，关于这些民族的形成和他们现在的身份。考试很少会触碰这些历史意义。

然而在科学领域，有一些相对完备的知识体系被提出并形成固定的学术脚本。可以肯定的是，有大量关于自然和人类社会的信息需要人们去吸收、理解。但是，这些知识体系的提出往往只是为了被掌握而已，很少或根本没有提到它们对人类生活的重要性。尽管不可能将人类生活的方方面面都与特定的学术脚本联系起来，但只要可能，都应该去尝试一下。我们在学习中往往会对那些与我们生活相关的事物有更深的理解。这样的学习在本质上对人类生活更有帮助。

学习如何处理有问题的脚本

在相对稳定的历史阶段，学校教育的脚本也相对稳定。个人层面上有足够的空间可以即兴发挥，但公认的规则、习俗、传统、概念框架、动作和说话的方式也都可以在即兴发挥时被灵活运用，或作为实现创意运用的一种方式。

然而，在快速变化和社会动荡的时代里，脚本并不固定，即兴发挥也越来越向着临时起意的方向发展。当然，年轻的女性必须找到自己的出路，有时这个过程非常痛苦，因为没有熟悉的性别角色坐标，甚至找不到适当的语言与对方讨论自己的经历。同样地，向知识经济的转型带来的是对能力、工作、知识本身新的理解，它们对社会戏剧的影响还没有被完全脚本化。

在今天的学校教育的戏剧中，必然有传统与创新的结合，因为社会戏剧需要不同性别之间、不同种族群体之间、不同社会阶层之间、国家和国际层面上不同政治和经济实体之间，建立一种全新的关系。有些传统无法以当前的形式保留下来；它们需要新的诠释，即使传统的外在形式发生了改变，它们所服务的根本的人类意志也能够被理解。因此，在当今的学校里，学生必须以积极主动、富有建设性的方式投入对学校戏剧的学习中。他们必须面对挑战，审视不断变化的社会戏剧和它们的各种可能性及各种挑战，并且创造可能的脚本来推动社会戏剧的发展，以更好地服务于根本的人类目的。当然，要做到这一点，他们需要以基本的知识作为基础，以语言、逻辑、沟通和探索技巧，信息处理和运用的技能为工具，以及作为社会戏剧存在基础的人类价值观。然而，这些认识、技能和价值观的教授不应该在一个抽象的、孤立的真空社会里进行，而必须作为推动社会戏剧发展的工具来教给学生。完全以个人发展为目的的学校教育最终是战胜自我，因为它否定了生活戏剧的社会本质。

演员学习脚本，并做出相应的处理。他们运用数据、测量重量和运动、演奏乐器、讨论政治成因、分析诗歌、绘制地图、阐释磁场能量原理。他们或运用自己的知识反复进行表演排练，或直接即兴表演。他们也会通过合作，参与世界的其他活动。有时他们会像政治投票那样，通过劝说别人采取行动影响世界来直接影响他人。

换句话说，演员是行动的来源、是选择的来源，是发起行动和与世界联系的主体，是不可忽视的存在，是现场的力量所在，是制造某些东西或让某些事发生的那个人。演员对戏剧而言至关重要。没有演员也就没有戏剧。在学校教育这一戏剧中，假如所有的演员都按照完全一致、可预测的方式来行动，那么戏剧也就不存在了。为了让戏剧真人化，演员需要一定的自由度可以自行创作脚本，并通过脚本实现自我表达。当他们尝试运用脚本表达自我的时候，他们会犯错，会错误领会脚本中的某些段落。这也是为什么学校教育这一戏剧需要反复排练，这样演员才能了解脚本如何起作用，要表达的是什么，世界如何运转以及世界可能如何运转。

教师作为演员

在学校教育这一戏剧中，老师也是演员。但他们的表演意味着和学生、研究课题构成了三角关系。老师要理解脚本和脚本表达的各种方式，也要了解班级中的每个有着自己的兴趣、才能、局限和家庭背景的个体的学生，然后和学生一起用各种不同的方式反复排练学术脚本，就好像脚本活生生呈现在他们面前一样。有时候，老师和学生们的个性会造成戏剧冲突，比如老师想要约束一个不受管教的孩子，或者一群孩子试图让老师某一天的生活变得极不愉快。有时老师为了强化学习，用调侃或劝诱的方式让学生能够学习得更久一些，或者直接将学习材料放到他们的眼前。有时老师必须参与到学生的个人戏剧中，比如当学生和他的父母发生严重冲突时，或者因失去朋友而沮丧的时候。这种形式的戏剧通常发生在课后，并不牵涉太多的学术脚本，就像更大的人与人之间的生活戏剧那样。

老师在学校教育这一戏剧的其他层面上也是演员。有许多幕后会议、规划会议、委员会项目都与老师的行动有关。在这个层面上，老师们一起工作，监督学校教学，协调每天或每周的教学排练，计划修改脚本，或展开新的故事情节。

在上述例子中，老师是演员，扮演着指导者、导演和批评者的角色。作为导演，老师始终提醒学生和他们自己教育这一戏剧的基本情节，即他们学习的是如何演好生活的戏剧。作为指导者，他们反复揣摩、理解脚本的内在含义，或与学生一起探索如何在更大的社会戏剧不完美的场景中发掘或创造意义。作为批评者，他们监督学校的表现，让学生和他们自己将注意力集中到有缺失的表现上。作为批评者，他们会提出困难的问题，也会提醒人们关注学校戏剧背后的基本情况。

管理者作为演员

管理者在学校教育的戏剧中扮演的角色类似于指导者、导演和批评者。在大多数情况下，管理者尽管并未直接参与到对学生的指导工作中，但他们会通过课堂监督和教师发展培训项目对作为指导者的老师加以指导。有时，管理者只是安排、支持执教咨询会，老师们在这里可以互相学习如何进行教学指导，还可以向公认的权威的指导者学习。然而，在管理者与指导者的关系中必须明确，在戏剧中的管理者角色必须关心指导者、关心教学的质量。

作为学校教育这一戏剧的导演，校长可以以各种方式影响这个戏。作为领导者，校长明确地阐述了学校教育的戏剧性这一特点要求对学校教育进行戏剧化的愿景，使注意力有意识地集中到学校的戏剧元素上。校长经常会提醒指导者和表演者戏剧的目的是什么。校长运用比喻手法来描述社会戏剧和它面对的挑战，可以让乏味的基础知识课程也具有戏剧性的意义。此外，校长可以提出建议，对空间和时间、金钱和课程资源的使用重新进行安排，以使学校教育的戏剧性得到提升。

作为批评者，校长对学校教育的戏剧性有另外的影响力。这里强调的不是批评学生和老师个人的拙劣表现，而是强调老师和学生应对自己的表现做自我评估，他们需要不断反思学校戏剧的质量，检查他们自己负责的那些质量标准，始终提醒自己教育的目的是服务于人类的基本理想。本着这一职责，校长可能会邀请其他善于提出批评意见的人来到学校，训练老师和学生对学校教育的戏剧提出批评。

如果一个社会希望实现自我更新，那么正如约翰·加德纳提出的那样，这个社会必须善于自我批评。[1] 但它的公民必须是善意的批评者，而不是带有破坏性的或愤世嫉俗的批评者。假如批评中缺失这样的精神和技巧，那么教育的戏剧往往会沦为自我服务的存在，不再允许对脚本进行即兴发挥，故事情节也不再有新的发展可能性。校长是学校教育的戏剧性完整性的最重要的维护者，因此，批评者的角色不可或缺。

---

[1] Gardiner, J. (1963) *Self Renewal*, New York, Harper and Row.

参与生活的戏剧

校长和老师,就像他们的学生一样,参与自己的生活戏剧。在个人生活中,他们面对每天的快乐和生活的挑战。学校教育的戏剧中的角色并不是他们全部的角色。他们是夫妻、父母、子女、朋友或亲人、选民、消费者、邻居、徒步者、志愿者、教会成员,是其他许多角色。作为独一无二的人,他们有自己要唱的歌、要写的故事,有自己成为英雄的方式。当他们在学校教育的戏剧中扮演自己的角色时,他们有自己独特的个性、才能、兴趣、偏好和需求。在这个过程中,他们为学校的年轻人树立了榜样,教会他们如何做"人",如何参与生活的戏剧。他们也会把个人经历带到教学中,这些经历就像镜头过滤器一样,在他们作为教育工作者的时候发挥作用。

当他们参与学校教育这一戏剧时,他们也需要停下来反思如何看待、如何理解更大的人类戏剧。他们需要投入更多的时间更多地参与到这个大的戏剧中,需要讨论自己的工作与这个戏剧的关系。换句话说,他们必须是演员、表演者,作为一个完整的人出现,而不仅仅是教育系统里的一个雇员、学校生活这个小戏剧里的一个角色扮演者。除非他们互相认可对方在更大的戏剧中是一个合法的完整的表演者,否则他们就无法从对方身上学到生活戏剧教给他们的许多智慧的经验教训——这些经验应该被写进学校教育的脚本中。此外,他们需要在以互相信任为基础的交流中,接受彼此的差异和才能,否则他们对戏剧性的学校教育的参与将被视为不真实,因为他们会被视为孤立的、分离的个体,而不是一个群体,无法为他们所教授的内容做出示范。因此,参与到戏剧化的学校教育中意味着真正地参与到生活的戏剧中。反过来说,参与生活的戏剧也丰富了他们的学校教育的戏剧性。

第十章　基于课堂观察的类比

除非以学校实际发生的活动作为依据，否则通过戏剧的类比方式来分析学校教育仍然是一种推测或者理念性的行为。是否可以实实在在看到学生的排练、老师的指导、校长的监督，所有的人都按照不同脚本的编排进行表演？即兴表演在学校里实际呈现的是什么样子？学校培养个性的方式是否有实例？我们是否见过老师在生活戏剧中指导年轻人？

一篇博士毕业论文正在完成阶段，其他几篇论文也将启动，这些都将提供大量实证作为类比的论证的基础。与此同时，我们选取部分课堂进行观察，依照前述章节中对学校教育的分类，将观察到的活动内容以图表方式记录下来。下列问题为课堂观察提供了方向：在脚本中学习什么（学术脚本、机构脚本、生活脚本）？戏剧中发生了什么？这只是学校教育的戏剧吗？是否也是生活戏剧的学校教育？教师的各种活动是否可以称为指导、辅导和批评？是否有反思行为的迹象？学生真的是戏剧中的表演者吗？他们作为表演者是否可以影响到学习的深度？

以下是对六个课堂片段的概述，并对这些课堂内容如何说明了类比做了评论。为了保护老师和学生的隐私，我们对细节做了更改。

课堂片段（一）

这是一所寄宿制私立学校的九年级英语课。刚从文科大学毕业的老师正在用他的方式讲解《献给阿尔吉侬的花束》（*Flowers for Algernon*）①。在课堂上，他抑扬顿挫地朗读故事，间或让学生们朗读。有时他中断朗读，指出文本中要注意的地方并提问。老师看起来有意指导学生依照主要人物的发展脉络来阅读整个故事，并且体会文本中包含的另一层反讽含义。他提醒学生们注意特定的单词和短语，并向他们提出问题，以确定他们是否领会了作者暗示的要点。被要求朗读的学生发出断断续续、低沉的声音，似乎对这个人物没有明显的体会。这节课结束的时候，老师布置了家庭作业，要求学生再往后读十页。

---

① 《献给阿尔吉侬的花束》是美国作家丹尼尔·凯斯（Daniel Keyes）的短篇小说。——译注

评论

　　不清楚老师如何运用课本。这个正在教授的潜在脚本似乎是一个学术脚本，也就是说，"这关乎你如何理解一部文学作品的意义"。在多数情况下，老师是表演者，学生则是观众。老师似乎把重点放在单循环学习上，即如何领会人物发展方面的细微线索。他从来不提出问题："我们为什么要读这个故事？查理要教给我们的是什么？"至少在这个课堂上，学校教育这一戏剧与学生们的生活戏剧似乎没有多少关联。老师在朗读查理的话语时，用说话的语调表达了对查理感同身受，但他从来不会问学生："如果你是查理你会有怎样的感觉？"他也从未提及在社会中残疾人被如何对待的问题，尽管我猜测他选择这个故事正是为了含蓄地表达对他们的同情。

　　在课堂上没有明确的性格塑造。尽管文本中有许多角色认同的机会，但老师从来也没有停下来问："你们有过这样的感觉吗？"或者"在我们中间是否有人有点儿像查理呢？"也看不到任何努力教导群体去接纳残疾人成为社会真正的成员。他提出的问题是，查理是否受到了他的同事的不公正的偏见和对待。这门课的总体过程似乎表明，除了故事本身的影响力之外，对社会戏剧的学校教育的发展几乎没有影响。

课堂片段（二）

　　在一所以白人工薪阶级为主的高中。这是一堂十年级的几何课。男生们坐在教室的一边，女生们坐在另一边。男生们穿着各式各样的奇装异服，很多人的衬衫上都印着硬摇滚乐团的名字。许多女孩子坐在她们的位置上，毫无生气，很少主动回答问题。男生们总是坐立不定，只要老师没看见就与旁边的同学打闹。

刚开始上课，老师就拿出几张印着各种图形的作业纸，要求他们根据之前学过的叫法——三角形、长方形、五边形等——识别这些图形。每一个学生都安静地做着习题，老师则在过道上来回走动，或评论，或表扬，或纠正。老师给了学生足够的时间来完成这项作业。等到她准备继续上课的时候，教室里已经非常嘈杂，特别是男生们，讨论、扔纸团、四处乱窜。当老师站到教室前，静静地盯着他们时，嘈杂声逐渐偃旗息鼓，然后她继续讲课。她在黑板上画了一个三角形和一个长方形的示意图，让学生们对两种图形的内角差异做出评论。一个衬衫背后印着摇滚乐队标志的男孩儿机智地给出了答案。然而，他刚回答完问题，他身边的两个男生就开始嘲笑他太配合老师。

这个老师从未在口头上纠正任何课堂上的不当行为。她的沉默使全班陷入沉默。她对不当行为的明显漠视制止了这些不当行为。在多数情况下，她通过一系列精心准备的活动使全班保持上课状态。然而很明显，大部分男生的注意力勉强才能集中；在老师转换活动的间隙，这些男生又开始和同伴一起胡闹，这对他们来说更为重要。很难知道女生们在做什么，她们看起来非常内敛。

评论

课堂上有两个戏剧存在：一个是学校教育的戏剧，老师试图让学生参与到学术脚本中（学习几何语言，理解几何的世界）；另一个是青春期早期的男孩子们，通过抗拒学校里的成人世界，继续在游戏中展示自己的有趣、机智、愤世嫉俗或男子气概来寻求自我意识的戏剧。老师虽然意识到第二种戏剧的存在，但并未对此做出让步，她永远也不会提出在几何学与汽车、珠宝等设计问题的戏剧之间可能存在的联系，也不会提出足球比赛中的几何学问题。老师和学生之间达成共识，默许对方的戏剧存在，只要它们没有严重干扰到对方。

因为缺少生活戏剧的学校教育，学生们对学校教育的戏剧性的关注程度很低，他们只求达到学术脚本的最低要求。奇怪的是，对个性的培养仍在继续，却是向学生自己的方向发展；无论是表达还是回避，都形成抵抗的模式。当然，通过安排座位将不同性别分隔开，无论是老师的还是学生的选择，都不利于男女生之间开展合作；没有任何证据显示，这个课堂在努力打造一个团队。

课堂片段（三）

这个片段发生在一所市中心的教区小学里，学生主要是拉美裔和黑人小孩。老师是一位白头发的拉美裔修女，前两天她一直在与五年级的学生讨论一个故事，而现在正在探讨这个故事的启示。故事讲的是一个女人在一场快艇比赛中赢了一群男人。老师谈到了女性地位和她们在这个"男性世界"中的竞争能力。她认为，女性缺乏和男性平等竞争的基础。她列举了做出杰出成就的女性：英国的撒切尔夫人、以色列的梅厄夫人、印度加尔各答的特蕾莎修女。她谈到许多女性正在进入从前被男性统治的领域，比如医药、法律、工程、商业和太空探索计划。随后她请学生们加以评论、给出看法。

男生们首先做出回应，列举了女性无法做到的事：女性不如男性强壮，不如男性跑得快，不如男性聪明，挣的钱不如男性多。学生们变得越来越活跃，女生们对男生们的评论报以不满的嘘声，而男生们则为他们同伴的生动评论而喝彩。老师以这种日常进行的评论方式增进了交流，也引出了学生更多的观点和看法。当每个小组都争先恐后、力求证明究竟是男性更优秀还是女性更优秀的时候，时而放声欢笑，时而论述被打断，咄咄逼人。老师对每个观点都热情回应，毫不掩饰地笑着享受孩子们的争论带来的乐趣，这为课堂定下了基调。

之后，男生们在老师的邀请下分成三组，写下他们的论点，并用论据支持他们的立场；女生们得到了同样的任务。数分钟挪动桌椅变成三人一组之后，紧接着的是三人小组间的活跃讨论。老师在教室里走动，回答问题，给出建议，对某些论据提出质疑。大约十分钟后，老师终止了这部分的讨论，告诉孩子们第二天进行辩论，每个小组还要在第二天早上完成他们的书面陈述。而孩子们接下来则会制作横幅来说明男性和女性的优秀品质。

评论

这一片段阐明了和戏剧进行类比的几个要素。显然，生活戏剧的教育使学校教育的戏剧得到了强化。老师作为教育这一戏剧的导演，设定场景，建立关于性别刻板印象的冲突。一旦场景设立，老师就作为演员进入到冲突中，表达她的观点，并鼓励学生参与这个剧情。她同时也在讨论中扮演着指导者的角色，要求学生阐明他们的观点或给出证据。在写作部分，她继续进行指导，游走于各小组之间，指出错误，提出引导性问题，帮助他们寻找其他的证据。

在这个戏剧中，学生们显然是表演者。他们需要根据在家里或在外边听说的关于性别成见的更大的脚本，结合自己的观点，即兴创作他们自己的脚本。在与其他组的讨论中，他们与同伴们相互合作。但笑声和夸张的起哄、嘘声使每一个人都清楚他们是在玩游戏，是在模仿自己，也就是每一方都是为了自己的立场而做出姿态来。

老师作为导演在戏剧化的学校教育中扮演着重要角色，她要求每一方都应提出证据来证明自己的立场。换句话说，关于女性权利、女性不平等待遇和男性优越感的社会争论，需要某些客观的事实依据作为支撑，否则，这样的争论只会有失偏颇，也只能停留在想法上而已。

很显然，当男孩女孩们在探索如何成为成年人以及每个人将要扮演的公众角色时，他们的个性也在形成中。他们学习根据对方的论点和对立的证据来修正自己的看法，学习在团队项目中与他人合作。作为一个班级，他们面对着当代社会戏剧中造成不团结和不公平的主要原因。这场争论将会影响到他们如何做人，如何尊重差异并且在差异中寻求互补，以及如何让社会在男性和女性的共同努力下变得更加丰富。制作横幅来展现两种不同性别的优势这一举动，暗示着从冲突到相互尊重的转变。

课堂片段（四）

在郊区的富人的高中里，一堂西班牙语大学预修课。这是开学的第一个月。老师在复习语言的基本结构，他之前让学生准备对话，其中须展示动词的原形、时态和语态。老师开始上课，提醒学生注意对话练习的重点，即复习动词的时态和语态。然后他邀请第一组的两位学生到教室前展示他们的对话练习。

在第一组对话里，两个男生准备的脚本是描述兄弟二人去面包房为他们的父亲买生日蛋糕。这组对话里有一些关于蛋糕上放什么装饰物的有趣讨论。尽管两个男生是在读脚本（他们自己写的），但他们表演时都相当活跃。老师以西班牙语进行点评，大力称赞了他们的表现。然后他请全班同学向这两位表演者提问。提问和回答都要用西班牙语，一个男生以他夸张的面部表情和戏剧性的语言表述引起全班哄堂大笑。

第二组是一个男生和一个女生，表现的是两个朋友相约在公交车站碰头一起去动物园的故事。男生在表演中相当具有表现力，但女生却僵硬地站在那里，低着头，只是用单调的语气念着西班牙语的脚本。对话结束时，老师再次给予了表扬，提醒大家注意两个动词不同寻常的过去时态。全班再次进行提问。坐在下面的一个女生问做对话的女生，和她一起去动物园的男生是不是她男朋友。女生脸红了，说不是，他们只是朋友，住在同一条街。全班都笑了，表示怀疑。当这两个学生回到座位时，女生的身体变得自然多了，仿佛从一个压缩模具中被释放出来一般。她想着同学们低声的评论，轻松地笑了；作为每个人关注对象的痛苦经历结束了。

下一组对话在两个女生之间进行，有关她们的暑期工作。其中一个在百货公司得到了一份工作，另一个人还没找到工作，感到非常沮丧。第一个女生尝试鼓励她继续找。她们表演得非常好，好像连手势都经过排练。最后，老师惊呼："太棒了！表演得太好了！"全班拍手喝彩，这两个女孩喜笑颜开。

所有的对话（全班共十名学生，共五组）展示结束后，老师走到教室前，在黑板上写下页码，让学生们把书翻到这一页，进行一些新动词的练习。老师此刻采用引导的方式，他过了一下开头几个动词的时态，然后让不同的学生继续完成整个动词列表的练习。之后他们快速转入课文的下一部分，用刚复习过的动词来翻译短的段落。

老师非常温和且鼓舞人心，他说话的语气尊重、关心每一个学生。他鼓励他们将直译的文字用更平常的表述方式重新表达。下课前，老师在布置家庭作业时指出了上节课中他用错的一个动词。学生们轻轻地笑了。他用这个失误来强调学生们正在学习的动词过去完成时。

评论

在这门课上,老师用直接的戏剧形式进行学校教育的戏剧。学生自己写脚本,但这个脚本需要符合学术脚本所要求的准确运用动词形式。他们在对话练习中既是脚本的编剧、表演者,也是导演。参与的程度显而易见。别人可以在他们的脸上、他们的声音中感受到这一点。这是他们的演出,而他们就是明星。

但学校教育的戏剧也与生活戏剧有关。他们的对话内容取材于日常生活,反映了普通人的幽默和奋斗。另外,每一个学生都必须经历站在舞台中央的严酷考验,接受来自同伴和老师对他表演的品头论足。对有些人来说,这是一种独特的乐趣,但对另一些人而言则是痛苦的经历,就像片段中和男孩一起去动物园的那个女孩。但这也是生活戏剧教育的一部分。每个人都必须在人生的重要时刻站到舞台中央,承担起相应的责任:工作面试,建立终生的关系,在原则性问题上坚持立场。

在学术脚本中,学生们有足够的空间可以自由发挥,表达他们独一无二的个性。在对话中塑造角色也好,在课堂上对直译文字的重新表述也好,学生们都在他们的学习活动中打上了自己特别的烙印。一方面他们创造角色,而另一方面学习活动则鼓励他们做自己。此外,他们每个人都既是演员也是批评者,他们要学习如何在一个共同的演出中接受他人独特的个性表达;他们体验着作为集体一员的生活,享受着每个人为班级做出的贡献。

对大部分学生来说,老师让学生进行表演,这意味着他回归了课本练习的导演和指导者的角色。然而值得注意的是,他对学生们毫不掩饰的关心与尊重。他的语气带着不同程度的积极影响。在面对孩子们时他是一个人。他的尊重和关心树立了榜样,体现在观众们对演员对话练习的反馈中。这很明显是塑造个性的过程，也是塑造一个国民的过程。

课堂片段（五）

这一片段涉及的是十一年级的一堂化学课。观察者对以前所学的化学知识的印象所剩无几，因此，无法很好地理解课堂上教授的技术性知识。

老师正在做实验，告诉学生们化学混合物的一些基本原理：哪些物质容易混合，哪些需要加热后才能混合，哪些即使倒进同一个容器也还是呈现分离状态（或者在观察者看来是这样）。

老师宣布他将做一个演示实验。他迅速回顾了实验中将用到的几种化学物质的性质。他连珠炮般地提出问题，以检验前几堂课上提到的定义是否被记住了。他告诫学生们如果要提问或回答问题应举手（在整个上课过程中，这样的告诫重复了约五次）。之后他发了两张纸，上面写着如何操作他将展示的实验。随后他站到教室前方的大实验台后面，拿起装着各种不同化学试剂的烧杯和小瓶子，逐一说明里面装的是什么以及哪些将互相混合。他叮嘱学生们在他操作时仔细观察。他叫其中一个学生把实验指南的第一步读出来。在按指南进行第一步操作的时候，他又复述了一遍："好了，现在我要检查烧杯，看它是否干净，是否含有之前实验残留的化学物质。接下来我要做什么，约翰？"（在学生阅读指南时他暂停了一下。）"好的，现在我要把这个化学试剂倒进去。"（他将一种化学试剂从瓶中倒入烧杯。）"现在我要倒入另一种化学试剂。""玛丽，我现在应该做什么？"

实验以这样的方式演示着。某一时刻，老师错拿了一种试剂，正在朗读实验指南的学生叫起来："不！不是这个。"老师显然是故意犯了个错误，因为他接着说："我为什么不想把这两种化学物质混合呢？"他嘲笑着自己的愚蠢，全班都笑了。在整个演示过程中，他不断地向全班快速提问："现在发生了什么？""你看到了什么？""你看到变化了吗？""你如何描述这种反应？"大体上学生跟着他的节奏，通常两至三个错误回答之后，老师会给出正确答案。

他把所有装着化学混合物的烧杯一字排开放在桌上，要求学生比较不同化学物质相互混合时的不同反应。他说："好了，让我们把所有这些放在一起，看看从实验观察中能知道什么。"随后，他从学生那里征求答案，把他们的观察结果写在黑板上。他常常会用一些问题来提示答案："当你看到这种化学混合物发生的现象，并和另一种化学混合物发生的现象做比较时，你会想到什么？"他将学生们的回答归类为"观察结果"（OBSERVATIONS），然后又在黑板上写下一个新的分类——"结论"（CONCLUSIONS）。他继续说："现在我们要问，根据观察结果我们可以做出什么样的概括，有什么需要进一步检验的问题。"看起来老师需要给学生更多的鼓励和提示才能让他们表达自己的看法。他提醒说，它们基本上遵循的是实验室报告的形式。经过一番努力之后，学生们在黑板上写下了三个结论和两个问题，然后，老师在快下课时布置了家庭作业。

评论

老师在学校教育这一戏剧中创造了一个场景。他提出问题，让学生们对实验中涉及的化学物质一一做了回顾，借此设定了课堂情境。他宣布这将是一个演示实验，并且主要由他操作（即他是主要的表演者）。学生则是观众。设定好这个基本框架之后，老师可以尝试一些有趣的变化。他允许学生变成他表演的导演。他们给他读实验指南，而他则遵照指南。当他要把错误的化学试剂进行混合时，学生们纠正他。他遵循学生们的指示。学生们作为导演参与他的表演，这比仅仅作为被动的观众需要投入更大程度的专注力。

尽管是表演者，但老师并未局限于表演者的角色，他同时也是导演。他掌控课堂教学活动的流程，提醒学生要遵守规定，举手回答问题。作为导演，他始终提醒学生注意整个场景，即理解不同性质的化学物质之间发生的化学反应有何不同。有时他会特别提醒学生，他们正在学习的是化学语言和科学的实验观察方法。作为导演介入之后，他又回到了表演者的角色。

他同时参与了大量指导。他教学生们科学观察和归纳推理的技巧，提醒学生们在说明观察结果时要注意化学物质的性质。同时，他指导学生们将最初以日常用语表述的观察结果转化为化学语言。他会经常问："一个化学家会怎么说？"他还指导学生们撰写实验报告，常常问他们："如果你在实验报告里这么写，是不是合适？"

授课接近尾声时，他从表演者的角色中跳脱出来，成为一个导演兼指导者，要求学生们扮演科学实验观察者的角色。此时他还是一个批评者，对不符合一份正式的实验报告的要求的地方进行评论。对观察结果的回顾将帮助学生们去反思他们看到的现象，利用他们已有的知识，写出一篇表述清晰、结论明确的实验报告。这个脚本经过老师的指导和评判，逐渐与教科书的脚本、与理想中的实验报告相符——由此可以确定学生们是否理解了化学世界的运转方式，并且可以进一步巩固学生们的知识。

在课堂上是否存在很多生活戏剧的教育？尽管老师并没有明确地提到这一点，但可能会有一些学生把观察和归纳推理的能力转而用到其他场合。课堂上不涉及更大的社会戏剧，化学在其中发挥着重要作用。这堂课作为戏剧的重点在于通过实验操作的排练掌握学术脚本。

课堂片段（六）

这个片段是郊区的富人学校里，一堂六年级的课。学校鼓励班主任不定期举行班级会议，讨论发生在孩子们之间的问题。普遍的观点是，提高学生们的个人责任感将有助于提升他们的团队意识。针对此类班级会议，老师们已经接受了短期在职培训。

会议一开始，老师会提醒学生注意以下基本原则：（1）每个人都必须举手，经同意后发言；（2）每个人必须尊重他人的意见和言论，即使并不认同；（3）讨论的主题包括学生之间发生的问题，在学校与老师发生的问题，学生希望承担的项目计划。会议不能攻击他人，也不应让他人处于尴尬境地。

老师和学生们围坐成一个大圈。老师是一个年轻、活泼的女性，这是她教学的第三年。她表示召集开会是因为收到操场问题的报告。有人抱怨这个班级在午休时对他人造成了困扰。她让学生们自己把问题说出来，并且提醒他们不应针对某个人进行指责。

一个女生举手说，午饭后六年级的学生跑到操场上，和五年级的男生就由谁使用足球场地发生争执。虽然征询过操场管理员的意见，但争执仍然每天都在发生，甚至引发打架。一个男生接下去说，五年级的男生们总是在午饭时提前离席，抢在六年级到来前开始踢球。他们拒绝让六年级的人加入，也不肯轮流使用场地。打架是因为五年级的人一直霸占着场地，这太不公平。

另外两个学生补充更多细节的时候，老师满怀同情地听着。她建议全班就此问题尽可能想出一个解决方案。一个男生说，可以制定一个每周计划表确定每天由谁使用操场。一个女生说，她其实并不关心，因为男生从来不让女生玩。一个学生则建议把午餐安排在不同时间，这样每个班级都有机会使用场地。

学生们又提出了另外几个解决办法后，老师建议他们可以考虑一下如何平息争执。老师说他们可以当场编一个情境，由学生们自愿扮演不同的角色。余下的同学作为观众，在情境表演后给出建议。

从之前的讨论中获得意见，并写到黑板上，然后确定设想的情境：

四个六年级男生走到足球场上。四个五年级男生已经在那里。六年级男生喊道："下去！今天轮到我们了。"五年级男生反击说："是我们先到的。"其中一个六年级男生跑去告诉操场管理员。管理员回答说她并不确切记得今天轮到谁了，为什么他们不能一块儿踢呢？男生们开始扭打起来，因为他们其中一人试图抓住足球。管理员请校长过来。所有的男生都被叫进校长办公室，没有一个人可以再玩。

老师挑选男生扮演角色，一些男生拒绝演五年级的人。几个女生则主动要求扮演操场管理员和校长的角色。这一场景非常具有现实性。观众们给两边都打气。当男生们被带进校长办公室时，观众们疯狂地欢呼起来。

老师打断了表演，所有人回到座位上，笑得前仰后合。女生们咯咯地笑着，戏弄着扮演蛮横校长的女生。老师让观众们给出建议。最初的一些评论赞扬了为他们班挺身而出的六年级男生。老师插话说："记住你们的任务是什么。你们应该就如何更好地解决问题给出建议。"一个男生提议可以每班组成一支队伍，然后互相踢球。其他人表示这只会导致更多的争吵。最后一个女生建议说："为什么不能让五年级和六年级各一名男生再加一名四年级男生（他们偶尔也会使用足球场），让他们三人一起负责制定日程表，让每个年级都可以轮流使用足球场呢？我们也会指定一支由每班一名男生组成的操场巡逻队,由他们负责制止打架行为,并把肇事者移交给操场管理员。"

老师对这个想法给予了热烈回应。学生们也表达了支持。然后老师问应该由哪个男生负责制定日程表,又由谁负责巡逻。全班几乎一致指向班里块头最大的一个男孩作为操场巡逻队的一员。男孩对这个建议一脸不悦,但老师说服他接受了这个任务。然后他们建议另一个男生,这个明显是班上最好的足球选手来负责日程表。老师表示她会与校长及其他老师讨论这个安排,得到批准后他们再开会。班级会议在许多自我祝贺的话语中结束。

评论

这一片段清晰地展现了许多戏剧类比。老师明白这个小戏剧在学校教育这一戏剧中对生活戏剧来说是宝贵的经验。她扮演了导演的角色并安排情境:学生们围坐成圈,制定基本原则,将焦点放在集体问题上。

学生们既是演员,也是评论者。他们对这个戏进行反思,然后再把它演出来。通过观察处于冲突中的自己,他们意识到不应该简单地将问题归咎于五年级学生的敌意,其中有一部分是计划安排的问题。如果可以解决,那么就能避免争端。然而,为了确保不再起争端,他们会派一些同学照看闹事者。

在这个问题上不要求学生们进行深层次的分析——这与他们的学习水平也不相符,但老师鼓励他们即兴自由发挥,想出一个解决办法,这需要他们相互合作而不是争强好胜。与大多数此类竞争一样,它有一些不合理的因素:地域性;男性的攻击性(可能有文化因素);掌握社会权力、控制社会环境,使其满足个人的喜好和便利。两种截然不同的解决方法通常出现在这样的情况下:一场激烈的体力竞赛,或者诉诸法定权威解决争端。无论哪种情况，都有赢家和输家。而孩子们会寻求一种对各方都公平的解决方法，让每个人都成为赢家——或者至少以此为目标而努力。

我们不知道这出戏的结果会怎样。但事实证明，在这出戏中可以得到经验和教训，生活戏剧将受到"教育"。如果方案失败，许多孩子将来可能不太愿意尝试这样的合作。如果成功了，他们则会更愿意去尝试合作。更有可能的是，这次尝试的结果喜忧参半。一个执着的老师会继续让学生反思后果，并且重演问题让学生对此有更好的认识和见解。

然而，这个片段说明了个性的塑造和一个民族的形成。年轻人了解到，作为一个社会人，必须承担工作，需要牺牲一些个人私欲，这样每一个人才有机会享有社会的共同资源。通过三人组成调度小组和巡逻小队，他们承担起责任、处理自己的问题，而不是请上级权威来为他们解决。这一片段同时指出了即兴发挥和预演的可能性。老师可以更深入一步，让学生根据新的情况排演可能发生的场景，预见一些可能发生的新问题。

对调查结果的探讨

这六个片段代表的是学校教育的戏剧中各种不同的背景、环境、人物、学习任务、资源和创造性的方式。这个穿梭于不同课堂的小旅程的目的在于检验戏剧类比中隐喻的可行性。至少，这些片段看上去很适合用来进行以类比为基础的评估。我们在课堂上看到了学术脚本、个人脚本、社会脚本；有个性的形成，有国民的塑造；我们看到了即兴创作，那些重要的学习也变得生动起来；我们看到了学校教育的戏剧性和戏剧化的学校教育的预演。有趣的是，我们并没有发现完全一致的形式：在每一间教室里，我们看到的是对脚本的独特解读，不同的即兴发挥、训练、指导和表演。这似乎在很大程度上取决于人物、话题、时机和背景这些因素。

类比通过表面的缺失或部分表达，来实现其指示作用。我们看到的是机会的丧失——学术脚本本可以轻易地和学生的个人脚本发生联系，本可以将部分时间用于生活的教育，无须人为地刻意将学术脚本与之结合，而是作为自然而然的结果，作为对学术脚本的完美诠释。我们看到，面对究竟是对规定的教学素材进行全覆盖式教授，还是仅就部分素材展开深度的探讨、剖析这个两难的问题，老师在努力平衡两者的关系。更多的时候，老师会选择在讲课时覆盖全部素材，或继续教学计划的下一部分，而对生活戏剧中的重要知识只字不提。

就这一点而言，这个类比提出了关于课程本质和学校目标的重大政策性问题。老师们即使只对州长和督学不断发布的信息稍加关注，就知道他们应该要求学生取得更大的学术成就——那些以标准化考试来衡量的成绩。那么，他们抑制自己的职业本能，不去花时间进行有关生活的教育，也就不足为奇了。同样，那些有关生活品质的问题从课程中消失也就没什么好惊奇的了。我们也许会提出疑问，我们究竟得到了什么。

第十一章 作为戏剧的学校教育：结论性反思

要理解本书所努力阐述的内容，方法之一就是将其置于有关学校改革的著作的"左""右"观点之间。"左"与"右"之间的分界本身就是模糊的。通常来说，左派的批评家指责学校在政治上太幼稚、压抑，或者对当前政治－经济秩序中的社会矛盾不加以反思。右派的批评家则指责学校未关注文化传承，不尊重权威，未培养努力工作、自我约束的习惯以及过去那些与"品格"联系在一起的传统美德。[1]

如果放到戏剧的语境里，右派会坚持学习社会戏剧惯例的必要

---

[1] 这些相对的观点，其很好的归纳，见 Holtz, H., Marcus, I., Dougherty, J., Michaels, J. and Peduzzi, R. (Eds) (1989) *Education and the American Dream*, Granby, MA, Bergin and Garvey。

性。我们赞同这个基本原则。但我们要教的不仅仅是惯例（语言、文化框架、价值观念、传统），还必须教如何运用惯例，乃至改变惯例，以满足我们当前社会和个人发展的需要。如果把社会惯例完全定义为社会戏剧，这是对社会史的歪曲，也否定了人掌握自己命运的权利和可能性。

左派则会认为，社会戏剧的惯例的学习在减少。我们赞同这一基本观念。但正如韦伯所见，任何形式的社会生活的参与度都在降低。[①] 在任何有序的社会生活中与人交往都意味着要放弃一些自主性、自由和创造力。马克思指出，这不仅仅是工作场所的问题；社会本身的存在就会带来疏离感。贝克尔在他的著作中有力地证明了社会的戏剧总是伴随着个人自主、自由与社会关系的公约之间的紧张关系。[②]

在学习学术、机构和社会脚本的惯例的过程中将产生这种紧张关系。如果学校认为这种紧张关系毫无根据，或者更糟糕的是认为可以被动承受这种紧张关系，那么疏离感会进一步加强。相反，如果学校认为学习脚本是解决脚本带来的疏离的必要前提，并在学习过程中对脚本的不足之处加以修正，那么对生活戏剧的学校教育就此展开。

上述观点落在"左""右"两种极端观点之间的中立位置上，这是一种讨巧的方式。为"左"或"右"不同观点而争论的学者们理应回到他们重要的工作中。伴随着这些争论，我们将注意力转到行动上。在读到"左""右"两种观点的争论时，我们感到一种无力感。他们运用不同时代的分析框架，展开全面争论。我们与特别的单个学校中的教育者们交流，与个人交流。可以肯定的是，这场争论是为了

---

① Eisenstadt, S. (1968) *Max Weber: On Charisma and Institution Building*, Chicago, University of Chicago Press, p. xv.

② Becker, E. (1971) *The Birth and Death of Meaning*, 2nd ed., New York, The Free Press.

人类更加美好的未来而做的更大努力。在这个小舞台上，有当地的表演者和脚本，有其他在同样的小舞台上忙碌的同伴们，也许我们可以共同培养足够的年轻力量自下而上地改写社会的脚本。

社会戏剧并不完全都在校园的围墙之外发生。社会戏剧及其对个人的影响发生在人与人之间。教育者身处戏剧中，戏剧发生在教育者身上。这并不是说，他们作为完全单个的人在一个独立的教育的戏剧中扮演角色。从某种意义上说，他们并不存在于这个他们发现自我的特定的戏剧之外。此外，"他们是谁"，是在戏剧中由文化脚本和在脚本中他们所做的行动选择——和解、反抗、欺骗、创新性探索——来确定的。

教育工作者通过积极参与戏剧进行自我创造，也可能发现他们在戏剧的控制之下，受到戏剧的外部影响。他们在戏剧中处于被动地位。戏剧中的其他人则以牺牲自我定义为代价来确立自己主要演员的身份。教育工作者可以选择以一种自闭的形式参与到戏剧的表演中，但他们的身份仍被他们的选择所束缚，即成为一名自由戏剧评论家。选择不参与是一种戏剧行为，其结果和参与一样具有戏剧性。

有两种进行学校教育的戏剧的方式。一种是把教育视为制造产品（等级、考试分数、成就、胜利、班级排名、技能、理解力、价值观）。另一种是将教育视为创造自我和塑造社会的过程。当然第二种创造永无止境；至少它在创造的过程和结果中一样重要。[①] 这种形式的学校教育的戏剧需要互动、交谈、探索与信任。只有在那些认为学校教育的戏剧中包含着生活戏剧的学校，这些特征才会显现。

这个戏剧关乎人类生活——它的密度和深度，它的多样性和含

---

① 见 Wexler, P. (1987) *Social Analysis of Education: After the New Sociology*, London, Routledge and Kegan Paul. pp.174 ff。

糊性，矛盾性和多价性。我们从来不可能简简单单地或完完整整地体验生活。学校试图用比较简单的术语对生活进行简化：教科书给出定义和公式，并以章节形式将事物进行分解。尽管对世界的简化可以帮助我们理解其有规律的部分，但我们却无法同步了解其复杂的动态变化，也错过了它展现脆弱的倏忽一瞬。[①] 如果把世界作为一个静止的、分解的存在来研究，那么我们失去了世界，也失去了自我，因为把世界理解为碎片化信息的时候，我们自己也沦为了碎片化信息的容器。在学校，我们如同拿着解剖刀一样对这个世界进行剖析，假设知道如何将它进行分解、如何进行标记。世界始终影响着我们，不仅仅养育了我们生物学上的生命，还将我们置于文化的沐浴中，以此塑造了我们的自我。

这样分解开来，世界呈现出一种静态的稳定。但公式、定义和细分都是人类构想的概念。有时——即便并不总是，这些概念具有思想意义，展现了对世界运转的方式的一种看法。通过贴在它们身上的标签来表达，这些概念将不同的人捆绑在这个社会固化的权力关系中。在服务经济（service economy）中，有人被雇佣，也有人指挥着世界贸易。有少数人；就有多数人，多数中的一些人在具体的城市中就成了少数人。有罪犯；就有守法公民，他们中的一些人被给予五到十年的宽限期以"遵守法律"。有些人接受福利救济；还有一些人则得到税收优惠或减免。"健康"发展的经济要求五到六个百分点的失业率——当然是指劳动力，而不是企业高管。不同地方也有不同的价值：贫民区和郊区，发达国家和欠发达国家，有待开发的地方和私人庄园。学校以特定的方式呈现这个结构化的世界，并暗示这种结构将

[①] 关于这个主题的扩展，见 Starratt, R.(1989) "Knowing at the level of sympathy: A curriculum challenge", *Journal of Curriculum and Supervision*, 4.3。

是相对永久性的。他们以致命的无知，自信满满地为戏剧的范围做了界定。

大多数学校很难抛弃那些根据标准化教科书和地区性指导方针制定的课程体系。尽管如此，仍有可能在极其普通的课堂讨论中开始排练这种命令式的世界观带来的疏离感，从而为即兴创作实验性的脚本开辟新空间，重新塑造社会戏剧中的角色。这不是要求三年级上批判哲学课，只需要老师鼓励孩子们对当下社会进行反思，并探讨孩子们对改写社会脚本的建议。这里的改写脚本并不意味着对教科书脚本的全盘否定，而是指以各种不同的方式来表演，减少对戏剧的破坏，增加戏剧的人性化。

在长达十到十二年的时间里，孩子们始终接触这种反思和创造性的即兴创作。比起那些被动接受由教科书编写者赋予的肤浅角色的人，他们更有可能继续在社会戏剧中更新。老师们把自己在学校教育的戏剧中的角色与生活戏剧中的角色相结合，会发现自己的工作比那些将两者在精神上分裂开来的人有意义得多。如果家长和学校董事会成员理解社会戏剧的教育与学校教育的戏剧之间的必要联系，那么他们可能会更清楚地认识到孩子教育的各个方面是一个平衡的连续统一体。

启示

用戏剧类比的方法理解教育并不是看待学校的唯一方式。本书的论点是，如果一个人是站在当地的、个别学校的立场上看问题，那么戏剧类比的方式是有用的。可以肯定的是，在后续的分析中，类比将得到进一步发展和完善。但就目前而言，我们可以从类比中获得一些关于师资培养、教学评价、管理层培养和政策制定的启示。

1. 师资培养

在方法课程和内容课程中运用戏剧类比，可以使师资培养计划更加丰富。尽管已经过时，教育哲学课仍是必修或推荐课程，通过该课让准老师们思考学校和他们职业的基本目标。将社会戏剧的教育视为学校教育的戏剧的内在属性，这将使围绕柏拉图的《理想国》、卢梭的《爱弥儿》、杜威的《民主与教育》、弗莱雷的《被压迫者教育学》和艾伦·布卢姆的《美国精神的封闭》等著作展开的讨论更加活跃。

除此以外，语言学专业的学生可能需要将他们自身的生活经验、学过的文学作品与意识形态中对语言的批判性分析，更加直接地联系起来。未来的科学老师应该了解他们所研究的科学公共政策的影响力。未来的社会学老师应该将他们所研究的历史学和社会科学与对当前社会戏剧的行为的分析联系起来。他们应当研究课程中形成的观点是如何帮助他们理解在社会戏剧中感受到的疏离感。未来的艺术老师应当反思艺术与社会戏剧的关系，艺术不一定完全由社会戏剧决定，但至少会对它做出回应——可能是以最模棱两可的方式。

方法课程在学校教育的戏剧和戏剧化的教育中要求掌握训练和指导技巧，方法课程似乎理所当然地承担着培养这些技巧的任务。但这些技巧应当在反思性实践框架中教授。也就是说，这些方法课程应该探索教学在深层次上如何成为自我的表达。认识到自己其实是在教自己这一点时，老师们将意识到他们正在把自己强加到孩子们身上；意识到这种强迫行为是模式化的，需要的只是模仿；意识到他们必须抑制这种冲动，以鼓励孩子们以自己的成长历程表达自己的所学；意识到老师和学习者必须放下他们对世界有限的了解，重新倾听世界，让其他鲜活的人与事用他们自己独特的语言，给予指导。

在角色表演中，在培养同情心和想象力的过程中，在脚本改写、即兴创作、排练中，在场景的重建和排练中，都需要方法课程进行专门指导。对于那些不熟悉这种教学方式的大学教授来说，只要在反思性实践的框架下，与学生进行一些有创意的即兴创作就足够了。这样的即兴创作将真正成为所教课程的典范。

2. 教学评价

教学评价，无论是由监管者、管理者还是专业同行来进行，都会同样用到戏剧类比的框架。通过广泛运用亨特教学模型[①]，或运用"有效教学"（effective teaching）[②]模式，我们了解到，这些教学模式为监管者、管理者和同行指导讨论课堂观察，提供了老师们使用的共同语言。共同的语言有助于观察者和被观察者关注某些教学行为，并就教学行为如何影响整个班级达成一致。

老师和他们的教学观察者可以探讨适用于教学的戏剧类比。从前一章节对原始课堂观察的评论中可以清楚地看到，这一类比并未给行为准则强加上固定的模式。相反，从类比的视角出发（脚本、指导、即兴发挥，等等），老师和观察者可以对如何改进课堂教学形成自己的结论。重点不在于为观察者提供对课堂教学进行评判和评价的新的分类，而是为老师和观察者提供了视角，帮助提出新的问题，了解他们在课堂上想做些什么。

[①] 亨特教学模型（Hunter's model of teaching），由美国教育家玛德琳·亨特（Madeline C. Hunter）提出。她认为，教学模型由七个组成部分：目标、标准、预期的集合、教学（输入、建模、检查理解）、指导练习/监督、关闭、独立实践。这个模型的具体内容共包括七个步骤，依次为：预期集、陈述目标、输入、建模、检查理解、指导练习、独自实践和总结拓展。她希望通过七步模型最大限度地减少错误学习的发生。——译注

[②] 有效教学的理念起源于20世纪上半叶西方的教学科学化运动。其核心是教学的效益，即教学的有效性，以学生的进步和发展作为教学有效性的衡量标准。——译注

3．管理层培养

管理层培养计划旨在建设管理人员梯队，挖掘管理人员的领导潜力，使他们在工作中发挥戏剧意识，并在教职工中培养这种戏剧意识。具体来说，作为戏剧导演的影响力应在反思性实践的框架内再次进行发掘。未来的校长和副校长们需要对老师和学生因过分关注机构脚本而产生的疏离感进行深入探讨。他们需要设法将教职员的职业脚本和机构脚本之间无法避免的紧张关系最小化，将学校里包括管理者在内的每一个人的机构脚本和个人脚本之间根深蒂固的矛盾降至最低。未来的管理者们应当反复排演，并反思在戏剧中如何做一个真实的表演者，这样在扮演角色的过程中才不至于失去自己的人性。

最后，未来的管理者们需要探讨如何告诉公众学校教育的戏剧中包含着社会戏剧的教育。考虑到大部分人对社会戏剧应该如何进行的看法，这必然要求学校管理者有交际能力、有勇气，投入到不断重复的公共语言中去。但公众必须认识到，学校是我们社会中为数不多的探索社会戏剧的形式及其影响的地方；在民主社会，学校的这一功能对社会戏剧自身的不断更新极其重要。如果没有公开讨论，哪怕是充满争论的讨论，戏剧化的学校教育就无法进行下去。公开讨论是学校教育的戏剧的一部分。管理层培养计划很少会以程式化的方式来对待这个重要的领导角色。

4．政策制定

在当前的改革中，学校的政策制定对社会戏剧的定义过于狭隘，仅仅指经济方面。另外，即使在这个以经济来定义的社会戏剧中，政策制定者也未考虑到培养年轻人的即兴创造能力，而这一技能在任何一家工业企业中都大有用武之地。把学校教育的戏剧作为社会戏剧教育的方式，使政策制定具有宽度。政策制定者可以据此考虑在一定程度上恢复政策领域的平衡。政策强调学校教育是为未来从业做好准备，这一点毫无疑问合情合理。但假如这成了政策唯一的重心，那么学校教育就会走进狭窄的胡同，以至于学校教育所追求的目标最终成为空谈。

社会戏剧常常要面临疏离感的问题，无论这种疏离感源于政治、经济、文化还是家庭。同样，社会戏剧涉及个人的自主性、创造力、自由与一个或多个社会组织对其成员的要求之间的矛盾关系。学校必须处理这些问题。因学校的无视而导致社会戏剧严重崩塌时，拒绝只意味着延迟处理这些问题，而之后修复或控制这种崩塌所要付出的代价将会大得多。考虑到社会戏剧及其不断更新的需要，学校政策的制定者们可以鼓励开设课程、采用教学法，关注社会戏剧中形形色色的问题。对各种问题的关注是对未来社会戏剧良性发展的投入，也是对学校教育的戏剧本身良性发展的投入。

索 引

(词条后的页码为原书页码)

A

academic achievement 学术成果 67, 132
academic market place 学术市场 77
academic script 学术脚本 108, 110, 111, 113, 118, 120, 128, 132
    and bureaucratic script 机构脚本 92—93, 95
    improvization in 即兴发挥中的 124, 125
accommodation 和解 71, 76
accountability 责任制 / 负责 1, 114
achievement 绩效 / 成就 1, 17, 36
acting 表演 19, 132
action 行为 , 行动 8—9, 13, 15, 26—27
    see also drama/dramatic 又见 戏剧 / 戏剧性的
actor(s) 演员 19, 57, 58, 70, 112
    administrators as 管理者作为演员 114—115
    students as 学生作为演员 6, 110—111, 131
    teachers as 教师作为演员 6, 95, 96, 113—114
administrators 管理者 39, 44, 46—48, 53, 114—115, 140
aesthetic scripts 美学脚本 108
alienation 疏离 73—74, 80n10&11, 134, 135, 137, 138, 141
    staff 教职工 140
    student 学生 78
American people, forming of 美国国民的形成 70—71
Andrews, R. 安德鲁斯 99
Argyris, C. 克里斯·阿吉里斯 (1982)
    and Schon, D.(1974) 以及唐纳德·舍恩 (1974) 89
assessment 评估 / 评价 114—115, 139—140

audience 观众 6, 118
authenticity 真实 22—24, 65, 108—109
authority 权威 45, 46, 47
autobiography, teacher/child 自我 , 教师 / 孩子的 138—139
autonomy 自主
    individual 个人 / 个体 17, 54, 109, 135
    of knowledge 知识 94
    teacher 教师 45, 46, 48, 105

B

basic skills 基本的技能 78
Becker, E. 厄内斯特·贝克尔 (1968) 7, 13
    (1971), 7, 13, 16, 66n2, 135
    (1973), 116n1&2
behaviour 行为 15—16, 29—30, 60
    teacher 教师 87, 139
    see also language 又见 语言
Bellah, R. 罗伯特·贝拉 , 69
    等 (1985)7, 35, 68
Bennis, W. and Nanus, B. (1985) 沃伦·本尼斯和伯特·纳努斯 (1985) 98
Berger, P. and Luckman, T. (1967) 彼德·伯格和卢克曼 (1967) 7, 13, 15—16
Bloom, A. 艾伦·布鲁姆 138
Bruner, J. 杰罗姆·布鲁纳 65
bureaucracies 机构 2—3, 4
bureaucracy 46, 49, 81, 105
bureaucratic organization 行政机构 34, 103
bureaucratic script 机构脚本 44, 45—48, 92—93, 95, 108, 110, 140
Burns, J. (1978) 詹姆斯·伯恩斯 (1978) 98, 107n4&9
business organizations 商业机构 52

153

C

capabilities of a nation 国家的功能 75
Carnoy, M. (1987) 马丁·卡诺伊 (1987) 37
categorization 分类 15—16
change 变革, 变化 103, 111—112
character 人物
    formation 塑造 56—66, 122, 125, 131, 132
    children: developmental limit 孩子们：发展的限制 65
    group, forming 群体形成 76
    individual 个体 56, 57, 108
    see also improvization; social drama 又见 即兴创作/即兴发挥；社会戏剧
child/children 孩子（们）3—4, 16—17, 57, 91—92, 99
    see also character; students 又见 人物；学生
choice(s) 选择 27, 30, 38—39, 69, 109
    see also passivity 又见 被动
citizenship 公民, 公民权利 29, 35—36, 40n9, 68—69, 77, 94
classroom(s) 课堂/教室 8, 42, 61—62, 113, 120, 139—140
    management 管理 47
    observations 观察结果 117—133
coach(es), drama 戏剧指导 20, 76, 108—116,
    teacher as 作为的老师 95, 96, 106, 122, 125, 127, 128
coaching 指导 5, 20, 76, 114, 132, 138
    see also, peer 又见 同事/同伴
collaboration 合作 25
collective 集体的
    entity, school as 集体, 学校 46
    experience 实践 86
common good 共同利益 73, 76
communal history 社会历史 65
communal life 公共生活 27
communication 交流 22—23, 31, 62—63
community/communities 社区/社会/群体 35, 50, 68, 77, 101—102, 109, 131
and drama of schooling 以及 学校教育的戏剧性 5, 26, 52—54, 108, 136
competition 竞争 36, 77
conceptual maps 概念 64
conflict 冲突 72—73, 75, 89—90, 113
conformity 服从 60
"conscientization" "觉悟启蒙运动" 6
consciousness 意识
    see dramatic consciousness 见 戏剧意识
Constitution, the 宪法 68—69
constructs 概念 64
    human 人类 6, 9, 13, 15—16, 28, 38, 54, 65, 136
controlling mission 以控制为目标 38
conventions 惯例/习俗 7, 8—9, 14—15, 19, 20, 24, 65, 134—135
cooperation 合作 76
coordination 协调 46, 48
cosmological scripts 宇宙哲学脚本 108
Courtney, R.(1985) 理查·克特尼 (1985) 7
creative/creativity 创造性的/创造力 49, 62—63, 65
critic(s) 评论家/批评者 20, 108—116
    administrators, as 管理者 114—115
    educators as 教育工作者 136
    principal as 校长 114—115
    students as 学生 131
    teachers as 教师/老师 95, 96, 106, 128
criticism, positive 批评, 肯定的 115
Cuban, L. (1988) 库班 (1988) 47
cultural 文化的
    dramatizations 戏剧化 17
    framework 框架 134
    identity 认同感 71
    meaning 含义/意义 17, 64, 65
    script 脚本 18, 73
    traditions 传统 101
    see also socialization 又见 社会化
curriculum 课程 39, 51, 52, 74, 132, 140
customs 习俗 23

D

Day, C. and Norman, J. (1983) 戴和诺曼（1983）3
decision-making 做决策 85
democracy 民主 / 民主社会 25—26, 35, 69—70
democratic 民主的
　attitudes/practices 态度 / 做法 49
　community 群体 95
　society 社会 17, 25, 140
De Tocqueville, A.(1969) 亚历西斯·德·托克维尔 (1969) 35
development, self- 自我发展 60, 61
developmental learning environment 成长的学习环境 3—4, 49
Dewey, J. 约翰·杜威 6, 138
　(1961) 25
directing 指导 132, 138
director(s) 导演 19—20, 108—116
　administrators as 管理者 114, 140
　students as 学生 127
　teacher as 教师 / 老师 106, 122, 125, 127, 128, 131
discrimination/alienation 歧视 / 疏离 73—74
distribution 分配 / 分类 71, 76, 77
domination 主宰 / 统治 37
double loop learning 双循环学习 84, 89—91, 95
drama 戏剧 7, 8—9, 13—24, 42, 50—51, 54, 108
　analogy of 类比 117
　as art form 作为艺术形式 26, 40n2
　within drama 戏剧中的 120, 131
　levels of 层面 91—94, 96
　of living/life 生活 71, 110, 121, 124—125, 136
　schooling the 学校教育 18, 94
　see also citizenship; choice; coach/ing; educational; friendship; history; human constructs; individual/ity; knowledge; learning; multicultural; organizational; public life; role-playing; schooling; social; teaching; tension; vision; work; world 又见 公民，公民权利；选择；指导；教育；友谊；历史；人类（构想的）概念；个体，个人；知识；学习；多元文化的；组织的；公共生活；角色扮演；学校教育；社会的；教学；矛盾；愿景；工作；世界
drama of schooling 学校教育的戏剧性，（学校）教育这一戏剧 52, 67—80, 104, 115—116, 120, 132, 136
　/the schooling of drama / (学校)教育戏剧化，戏剧化的（学校）教育 24, 25—41, 50, 95, 121—122, 124—125, 141
dramatic 戏剧性的
　action 行动 26
　consciousness 意识 81—97, 98—107, 108, 140
　context: outside school 环境：校外 43—44
　learnings 学习 29
　productions 作品 18, 19
　significance 意义 26
dramatizations, cultural 戏剧化的文化表现 17
Dreeben, R. (1968) 罗伯特·得利本 (1968) 17—18, 34

E

economic(s) 经济 67, 73, 77
　drama 戏剧 141
education 教育 3—4, 6, 69, 75—76
　see also freedom 又见 自由
educational drama 教育戏剧 7—8
educational platform 教育理念 84, 86—

89, 90—91, 95
educators 教育者 / 教育工作者 36, 135—136
effectiveness 效益 1, 139
efficiency 效率 1, 4
Eisenstadt, S. (1968) 艾森斯塔德 (1968) 99
elementary schools 小学 / 初级学校 45—46, 77
empathy 共情 / 同理心 / 同情心 21, 33—34, 139
empiricism 经验主义 1—2
empowerment 权力赋予 / 赋权 78—79, 105—106
engagement 参与度 134
environment 环境 8, 15
epistemological scripts 认识论脚本 108
Erikson, E. (1950) 埃里克森 (1950) 61
error, trial and; learning 试错 / 试错学习 86, 109
ethical scripts 伦理脚本 108
ethnic community interests: schools 民族团体利益: 学校 52
evaluation 评价 28
experience 经验 / 体验 / 经历 6, 25, 30—31, 86
experimental scripts 实验性的脚本 137
experimentation 实验 / 尝试 6, 25, 27
expression 表达 94

F

failure 失败 105
family 家庭 3, 4, 31, 32—33, 35, 57—61
fear 害怕 / 恐惧 108—109
feminist criticism 女性主义批评 37
flexibility/predictability 灵活性 / 可预测性 48—49
freedom 自由 / 解放 6, 24, 30, 106, 135
free will and citizenship 自由意志和公民身份 69
Freire, P. (1970) 保罗·弗莱雷 (1970) 6, 138

friendship 友谊 29, 31—34
fulfilment 实现 / 成就 27—28, 65, 68, 82, 94
functionalist images of schools 学校的功能主义形象 5
functional rationality 功能理性 47

G

Gardiner, J. (1963) 约翰·加德纳 (1963) 115 (1986, 1987) 98
gender 性别 16, 41n15, 122
Giddens, A. (1984) 安东尼·吉登斯 (1984) 10
Goffman, E. (1959) 欧文·戈夫曼 (1959) 7, 13, 16
government 政府
　　see bureaucracies; school group(s) 见机构; 学校 25, 30, 31, 52—53, 73—74, 85
　　activity 活动 36
　　identity 身份认同 76
　　learning 学习 49—50

H

Heathcote, D. 多萝西·赫斯克特 7
hierarchies 等级 2
Highet, G. (1950) 吉尔伯特·海厄特 (1950) 3
high schools 高中 77
history 历史 27—28, 72, 73, 74—75, 93—94, 100
home: effect on school drama 家庭: 对学校戏剧的作用 91
　　see also family 又见 家庭
heroic enterprise/heroism 英雄事业 / 英雄主义 5, 65, 66, 82
"how things work" "事物如何运转" 64, 66n7
human 人类
　　drama 戏剧 78—79
　　quality of social drama 社会戏剧的品质 9

striving, value of 奋斗的价值 70
   see also constructs 又见（构想的）概念
humanity 人性 33—34, 137

I

"I" as actor "我"作为演员 57, 58
identity 身份 / 认同 5, 17, 71—72, 76, 78
ideological scripts 意识形态的脚本 108
imagination 想象 1, 7, 139
improvization 即兴创作 / 即兴表演 / 即兴发挥 6, 7, 8, 16, 21—22, 34—35, 54, 96, 131, 132
   coaching in 指导 139, 141
   as creative communication 创造性交流 62—63
   and friendship 友谊 32, 33
   and knowledge 知识 66, 94
   and scripting 撰写脚本 9, 49, 50—52, 73, 122, 125, 137
   see also empowerment; individual; responsive teaching 又见 权力赋予，赋权；个人，个体；反应式教学
independence 独立 17—18, 35—36
individual, the 个人 / 个体 7, 8, 10, 29, 73, 76, 95—96, 108
individual 个体的 / 个人的
   being 存在 15, 109—110
   child, drama of 孩子的戏剧 91
   life, significance of 生活的意义 26, 27
   script 脚本 6
   see also attention; autonomy; character; choices; common good; freedom; fulfilment; improvization; learning; performacne 又见 注意力；自主；人物；选择；共同利益；自由；实现，成就；即兴创作，即兴表演，即兴发挥；学习；表现，表演
individualism 个人主义 7, 35—36
individuality 个性 4, 5, 8, 46, 48, 59, 115
industrial society 工业社会 17

information 知识 / 信息 112, 136
innovation 创新 49, 103
institutionalization 制度化 102—103
institutions 制度 8—9, 15
integration 整合 71
integrity 完整性 72, 78, 115
interpersonal living, drama of 人与人之间的生活戏剧 113
interpretation(s) 理解 / 解读 22—23, 110
intuitions, development of 直觉 45

J

Johnstone, K. (1979) 基思·约翰斯通 (1979) 7—8

K

knowing, experimental 探索的认知 25
knowledge 知识 3—4, 9, 10, 27, 77, 93—94, 111
   as human construct 人类（构想的）概念 13, 15, 28
   and power 权力 / 能力 38, 65—66, 78—79
   see also, autonomy; distribution; significance; sociology 又见 自主；分配，分类；意义；社会学
Kohlberg, L. (1970) 柯尔伯格 (1970) 61
Kolb, D. (1983) 大卫·库伯 (1983) 85

L

labels as fixtures 固化的标签 136—137
Langer, S. (1953) 苏珊娜·兰格 (1953) 40n2
language 语言 1, 3—5, 23, 33, 58, 61, 139
   behavioristic 行为主义 2
   as convention 惯例 31—32, 134
   empiricist 经验主义 2
   postivistic 实证主义 2
   as script 脚本 7

of theater 戏剧 6
see also metaphoric 又见 隐喻的
leadership 领导力 98—107, 114, 140
learning 学习 3—4, 6, 36, 45, 49—50, 51, 76, 111
　and drama 戏剧 7, 23, 92, 105
　problems: identifying 问题：身份认同 85—86
　rehearsal for 排练 21, 110
　see also developmental; dramatic; double/single loop; group; information; significance; trial and error 又见 成长的；戏剧性的；双循环/单循环；群体；知识/信息；意义；试错
Lesko, N. (1988) 南希·莱斯科 (1988) 7
lesson response to drama levels 课程对戏剧层面的回应 95—96
life, human 人类生活 98, 99, 100, 109, 111, 112, 136
linguistic expression 语言的交流 33
literacy 素养 67
living, drama of 生活的戏剧 26, 111, 115—116, 132, 133
　see also drama; life 又见 戏剧；生活
loosely coupled systems 松散耦合系统（宽松、相互联系又相互影响）1, 52, 55n10

M

magnet schools 磁石学校 77
making sense of the world 理解世界 64
management theory 管理理论 1—4
market/productivity 市场/生产效率 2, 77
Marx, K. 卡尔·马克思 134
mathematics 数学 67
"me" as passive receiver "我"作为被动的接受者 57, 58
meaning(s) 意义/含义 9, 17, 32, 47, 65, 108, 113—114
　basic 根本/基本 68, 70
　and choice 与选择 27, 39
　and culture 文化 5, 71, 136
　making 创造 71, 90
　systems 体系 64
　and vision 与愿景 99, 100
metaphor/metaphoric language 隐喻/隐喻语言 6, 7
methods courses; teachers 方法课程；教师 139
mission 任务
　see vision 见 愿景
moral issues 道德问题 35—36, 67
motivation, students' 学生的动机 45
multicultural drama/education/communities 多元文化戏剧/教育/社会 75—76
mutuality: drama of schooling 互动：教育这一戏剧 136

N

nation 国家 38, 71—72
National Commission on Excellence in Education (1983) 国家杰出教育委员会 (1983) 36—37, 67
national identity 国家认同 71—72
natural law; Constitution 自然法则；宪法 79n5
natural science 自然科学 1
natural world: as individual in 自然世界：个体存在的 109
nonconformity 不墨守成规 31

O

object, state of being 物品, 存在的状态 33
organizational 组织的
　culture 文化 5, 11n17
　drama 戏剧 5, 42—55
　theory 理论 1, 2—4
　see also institutionalization; script 又见 制度化；脚本
organizations, bureaucratic 组织, 机构 1,

2—4, 5
outcomes, importance of 结果，重要性 6
output measurement: school/business 产出的度量：学校／商业 2

P

Pajak, E. (1986) 帕加克 (1986) 6
parents 家长／父母 53, 77, 92, 137
participation 参与 71, 74, 76, 78, 79, 115—116
passivity and choice 被动和选择 39
peer coaching 同事互助指导 88—89
people, a 国民 67—80, 70—74, 108, 125, 131, 132
　see also alienation American; culture; empowerment; values 又见 美国人的疏离；文化；赋权；价值
performance 表现／表演 5, 6, 7, 21, 29, 50—51
　criticism of 批评 88, 95, 114
performer(s) 表演者 7, 57—61
　teacher as 教师 118, 127
persona 人物角色 15, 110
personalized script/learning 个性化脚本／学习 49—50, 108, 132, 140
Piaget, J. (1948, 1960) 皮亚杰 61
Plato 柏拉图 6, 69, 138
players 表演者／演员 106, 108—116, 122
　see also actors; performers "play within a play", schooling as 又见 演员；"戏中戏"表演者，学校教育 118—119
　see also drama 又见 戏剧
policies/policy-making 政策／政策制定者 1, 8—9, 46, 47, 141
political dimension 政治的方面 1, 67, 78
　action 活动／行动 23, 75
　education 教育 69
　responsibility 责任 67
　script 脚本 73
polity 政治形态／政体 71, 72—73, 75, 76—78
positivism 实证主义 1—2, 15
post-school life: as performance 后学校生活：表演 5
power 权力／能力 38, 65—66,
　see also empowerment knowledge; practice, professional 又见 赋权；实践，专业的 82—83
　see also reflective 又见 反思性的
predictability 可预见性 16
pre-school experience, family scripts 学前经历，家庭脚本 57
prescripted 规定的
　material 素材 132, 133
　views 观点 137
presentation of self 自我表现 13—15
primary schools and bureaucracy 小学和机构 45—46
principals 校长 114, 115
privatized individualism 私有化的个人主义 7
problem-naming/setting/finding 问题的命名／设置／发现 84, 85—86, 90—91, 94—95
　see also collective experience; group discussion 又见 集体实践；群体讨论
problem-solving 解决问题 34—35
producer, functions of 制作人的职责 20
professional 专业人员／专业的
　administrators as 管理者 46—48
　expertise 专业性 45
　practice 实践 82—83
　script 脚本 44—45, 47
public drama 公共戏剧 72—73, 75, 79
public involvement 公众参与 7
public/social life 公共／社会生活 70, 72—73, 74
　scripts of 脚本 60, 61
purpose 目的
　see vision 见 愿景

R

racial interests in school 学校里的种族利益 52
rationality 理性 25—26, 47
reality 现实 15—16, 38, 82—83
records/reports 记录/报告 47
reflection 反思 91—94, 137
reflective practice 反思性实践 81—97, 138, 140
reform, school 学校改革 1, 4—5, 76, 78, 105, 134, 141
rehearsal 排练 5, 42, 70, 75, 76, 95, 96, 139
　as means of learning 学习的方式 20—21, 110, 113, 128, 132
relationships 关系 3, 23, 32—33, 71
religious community interests 宗教团体利益 52
research 研究 1—2
responsibilities 职责/责任 46, 73, 109, 131
responsive teaching 反应式教学 84
　see also learning problems 又见 学习问题
resources 资源 46, 47, 114
results, school 学校成果/成绩 1, 47
reward systems 奖励制度 2
Ricoeur, P. (1981) 保罗·利科 (1981)
ritual(s) 典礼/仪式 5, 23
role(s) 角色 39, 57, 95, 113—114, 115, 137
　-playing 扮演/表演 18, 62, 139
Rousseau, J. J. 卢梭 6, 138
routine(s) 日常的/日常规范/日常活动 8—9, 15, 23, 49
rules/regulations 规则/规定 8—9, 23, 34, 46, 48—49

S

scene/scenery 场景、情境/风景 64, 127
Schon, D. 唐纳德·舍恩 86
　(1979) 85
　(1983) 82—83
school(s) 学校 5, 36, 46, 49, 78, 132
　boards 董事会 52, 137
　drama of 戏剧 44, 52—54, 91—93, 137
　experience, formal 经历,正式的 30—31
　and formation of a people 与国民的塑造 74—76
　government, language of 管理……的语言 2
　ideal: vision 理想的:愿景 99—100
　as organization 作为组织 2—4, 34, 45, 137
　as preparation for work 为工作做准备 36—37, 77, 141
　and social drama 以及 社会戏剧 8, 10, 17, 24, 34—35, 39, 74, 140
　systems 系统/制度 2—4
　see also autonomy; community; democracy;friendship;history; home; human constructs;language; multicultural; parents; policies; political responsibility; polity; reform; script, social; world 又见 自主;社会;民主;友谊;历史;家庭;人类构建的概念;语言;多元文化的;家长,父母;政策;政治责任;政体;改革;脚本;社会的;世界
schooling 学校教育 6, 19, 25—26, 29, 108, 133
　as drama 戏剧性 38—39, 42—54
　of drama 戏剧化 18, 114, 132, 140
　and drama of schooling 学校教育的戏剧性 42, 50, 54, 76, 96, 137
science/scientific 科学/科学的 1, 25, 28, 67
scripts/scripting 脚本 6, 9, 16, 18, 54, 88
　conflict between 之间的冲突 48, 95
　conventional 传统的 15, 24
　expression through 通过……表达 8, 10
　family-based 以家庭为基础的 57
　flexibility of 灵活性 73
　as framework 作为框架 42
　improvization 即兴表演/发挥/创作 21, 50—52, 122, 137

of knowledge 知识的 28, 93—94
learning the 学习 16—18, 27, 28, 111—113
problematic 有问题的 111—113
organizational 组织的 48—49
school/schooling 学校 / 学校教育 24, 31, 38, 44, 60, 108
see also bureaucratic; cultural; language; multicultural; loosely coupled systems; personalized; political; public life; social 又见 机构的；文化的；语言；多元文化的；松散耦合系统（宽松、相互联系又相互影响）；个性化的；政治的；公共生活；社会的

secondary schools 中学 46
self 自我 16—17, 57, 58, 64
being/learning 成为 / 学习 30, 52, 63, 125, 136
-autonomy 一自主性 108—109
-creation 一作品 91
-criticism 一批评 88—89, 115
-esteem 一尊重 16, 17, 57, 58, 59, 120
-expression 一表达 60, 61—62, 63—64
-fulfilment 一实现 68, 96
-government 一管理 28, 64—65
-reliance 一依靠 49
-renewal 一更新 35
-value 一价值 59
Sergiovanni, T. and Starratt, R. (1988) 萨乔万尼和罗伯特·斯特兰特 (1988) 84, 97n9, 106—7n1&6
significance 意义 26, 27, 34—35, 47, 78, 108, 132
single loop learning 单循环学习 89, 118
social 社会的
disparities and schooling 差距和教育 37
existence: alienation 存在：疏离感 134
fictions 虚构 / 想象 17
institutions 制度 8—9
interaction 相互影响 15—16
intercourse: cultural dramatizations 交往：戏剧化文化表现 17

life as drama 把社会生活作为戏剧 7, 15, 22—23, 33, 34, 73
sciences 科学 1—2
scripts 脚本 8, 10, 15, 16—18, 24, 30, 35, 36, 61—62, 108, 132
systems 体系 15
theory 理论 7, 10
world 世界 109—110
see also behavior; community and school; conventions; democracy; environment; identity; reality; traditions 又见 行为；社区和学校；惯例，习俗；民主，民主社会；环境；身份 / 认同；现实；传统
social drama 社会戏剧 5, 8, 17, 53, 112, 137, 140
as human construct 人类构想的概念 6, 9, 28
levels of 层次 30
problematic elements in 有问题的元素 36—38
and school drama 学校戏剧 10, 95
schools' part in 学校扮演的角色 27—28, 39, 54, 64
and students 学生 79, 122
see also character; conventions;friendship; fulfilment; independence; interpretations; knowledge; pre-school; routine; scenery; social scripts; staging; work 又见 人物；惯例 / 习俗；友谊；实现 / 成就；独立；理解 / 解读；知识；学前；日常的 / 日常规范 / 日常活动；场景 / 情境；社会脚本；展现 / 呈现；工作
socialization 社会化 7, 13, 16—17, 34, 57—61, 64, 69
society 社会 5, 6, 8, 29, 53, 58, 115
see also democratic; industrial;symbolic meaning 又见 民主的；工业的；象征性意义
sociology of knowledge 知识社会学 13, 15
specialization 专业化 2

spontaneity 自发性 / 自主性 22, 24, 48, 58, 63
stage/staging 展现 / 呈现 42, 64
staff, school 学校教职员 53, 102
standardized testing 标准化考试 50
standards, achievement 绩效标准 1
state, the 国家 52, 74, 75
stereotyping 刻板印象 62
student(s) 学生 42, 45, 77, 79, 104—105, 110—111, 113
 autonomy 自主性 109
 and reflective practice 反思性实践 84, 85—86
 see also actors; audience; culture;dramatic consciousness; learning relationships; school; uniformity 又见 演员；观众；文化；戏剧意识；学习；关系；学校；统一性 / 同一化
subcultures 亚文化 59
subject 主体的人 33, 34, 113
substantive issues 实质性的问题 47, 48
symbol(s) 符号 23, 58
symbolic meaning/symbolism 象征性意义 / 符号 5, 17, 34, 98

T

talents/interests 才能 / 兴趣 63—64, 109
teachers 教师 42, 44, 45, 46, 47, 74, 84, 86—89
 learning 学习 6, 45, 51
 -parent contact —与父母间联系 92
 preparation 培养 138—139
 roles 角色 95—96, 137
 -student interaction —与学生间相互作用 6, 45, 104, 113—114
 see also autonomy; behavior;community; critics;dramatic consciousness, empowerment; history; improvization; knowledge; performance; staff 又见 自主；行为；社区 / 社会；评论家 / 批评者；戏剧意识；赋权；历史；即兴创作 / 即兴表演 / 即兴发挥；知识；表现 / 表演；教职员
teaching 教学 6, 8, 44—45, 81—82, 108
technologies, new 新科技 37
tensions/conflicts 矛盾 / 冲突 48, 49, 95, 102, 135, 141
testing 测验 / 检验 49—50, 51, 132
textbook scripts 教科书的脚本 137
theater, world of 戏剧的世界 6, 42
theory/theorists 理论 / 理论家 7, 10, 82—83
tradition(s) 传统 1, 23, 134
trial and error learning 试错学习 109
trust 信任 136

U

understanding, frames of 认识，框架 27
uniformity 统一性 / 同一化 47, 48—49, 51, 60
universalism 普世主义 17

V

Vaill, P. 彼得·维尔 10n3, 11n17 (1989) 98
value(s) 价值 16, 27, 57, 61, 71, 87, 134
 human 人的 34, 78, 112
 and meanings 与意义 17, 32, 68—69
 self- 自我 59
 and vision 与愿景 99, 100, 101
vision 愿景 98—107, 108
 see also value 又见 价值
vocational schooling 学校职业教育 77

W

Weber, M. 马克斯·韦伯 47, 80n10, 99, 134 (1947) 46
Wirth, A. (1987) 亚瑟·沃思 (1987) 41
work 工作 2, 23, 29, 34—35, 67, 77, 109
work force 劳动力 36

world 世界 72, 91, 93—94, 109—110, 136
　-view 一观 7, 18, 27—28

Y

young, the 年轻的
　see children; students; youth 见 孩子；学生；年轻人
youth 年轻人 3—4, 52

图书在版编目(CIP)数据

学校教育的戏剧性/(美)罗伯特·J.斯特兰特著;胡晓岚译.—北京:商务印书馆,2021(2022.11重印)
ISBN 978-7-100-17662-0

Ⅰ.①学… Ⅱ.①罗…②胡… Ⅲ.①学校教育—研究 Ⅳ.①G4

中国版本图书馆 CIP 数据核字(2019)第 263148 号

权利保留,侵权必究。

学校教育的戏剧性
〔美〕罗伯特·J.斯特兰特 著
胡晓岚 译

商 务 印 书 馆 出 版
(北京王府井大街36号 邮政编码100710)
商 务 印 书 馆 发 行
山东临沂新华印刷物流
集 团 有 限 责 任 公 司 印 刷
ISBN 978-7-100-17662-0

2021年8月第1版　　　开本 960×1245 1/32
2022年11月第2次印刷　印张 5¾　插页 1
定价:48.00元